档案管理信息化创新研究

崔 驰 韩耀武 付 立◎著

文化发展出版社
Cultural Development Press
·北京·

图书在版编目（CIP）数据

档案管理信息化创新研究 / 崔驰，韩耀武，付立著
. — 北京 ：文化发展出版社，2023.12
ISBN 978-7-5142-4261-4

Ⅰ. ①档… Ⅱ. ①崔… ②韩… ③付… Ⅲ. ①档案管理－信息化建设－研究 Ⅳ. ① G270.7

中国国家版本馆 CIP 数据核字 (2024) 第 024447 号

档案管理信息化创新研究

崔　驰　韩耀武　付　立　著

出 版 人：宋　娜
责任编辑：袁兆英　　　　责任校对：岳智勇
责任印制：邓辉明　　　　封面设计：谢婉莹
出版发行：文化发展出版社（北京市翠微路 2 号 邮编：100036）
网　　址：www.wenhuafazhan.com
经　　销：全国新华书店
印　　刷：天津和萱印刷有限公司

开　　本：710mm × 1000mm　1/16
字　　数：215 千字
印　　张：10.75
版　　次：2024 年 6 月第 1 版
印　　次：2024 年 6 月第 1 次印刷

定　　价：72.00 元
I S B N：978-7-5142-4261-4

◆ 如有印装质量问题，请电话联系：010-58484999

作者简介

崔驰，1987年1月生，男，汉族，河北秦皇岛人，目前就职于秦皇岛市卫生应急调度中心，职称为副研究馆员。本科学历，学士学位，主要研究方向为档案管理。熟悉和掌握档案管理的各项政策法规，理论知识扎实，切实推动本系统本单位档案工作的科学化、规范化和现代化建设。曾先后在《档案天地》《办公室业务》《电子制作》及《山西青年》等期刊上发表多篇论文，除此之外，多次参与指导完成本系统档案整理工作，完成省级课题成果2项、市级课题成果4项，在专业领域有着一定程度的影响。

韩耀武，1982年10月生，男，汉族，目前就职于秦皇岛市第四医院，任科教科科长，职称为馆员。毕业于西安政治学院法律专业，大学本科学历，主要研究档案管理。理论知识扎实，护理经验丰富，其在工作过程中，深受同事的好评。曾先后在《魅力中国》等期刊上发表多篇论文，其中，《刍议医院人事档案管理工作创新思路》被评为全国性科研成果一等奖（国家级），《新时期医院人事档案管理信息化建设路径》在论文评比中获得一等奖（国家级）。

付立，1987年10月生，男，汉族，河北秦皇岛人，目前就职于北京大学第三医院秦皇岛医院，职务为后勤保障部副主任，职称为馆员。毕业于河北科技师范学院，中文专业，专科学历。研究方向：档案管理；研究内容：档案信息化建设研究、档案管理工作中的常见问题；参与课题：《社区养老领域的资源整合及对策研究》获得市社会科学界联合会三等奖荣誉。其理论知识扎实，工作经验丰富，在工作过程中，深受同事和患者的好评。曾先后在《社会科学》等期刊上发表多篇论文，在专业领域有着一定程度的影响。

前　言

随着档案管理理念的不断更新，以及现代化档案管理手段和技术的广泛应用，档案管理工作向着纵深发展，工作内容不断拓展，工作方法不断创新，工作制度更加完善。图书与档案管理教学也面临新的挑战，必须与时俱进，教授适应时代要求的知识与技能，力图将理论与实践相结合，综合性地回答档案管理工作中应解决的基本理论问题与实践问题，以提高档案管理工作人员的整体素质，使档案管理工作更加适应现代化发展的需要。

档案记录着人们在各项社会活动中的重要信息，是非常重要的信息资源。长期以来的档案信息主要记录在纸质材料上，但纸质材料不易保存，存在很大的损毁风险，且查询不便，利用起来效果不佳。

随着科技与信息技术的飞速发展，信息资源已经实现了数字化存储，尤其在信息化时代，档案由纸质信息转化为数字信息已成为档案管理的重要工作内容。相较于纸质信息，数字信息无论在查询、读取上还是在保存上都有着不可比拟的优势，因此，实现档案信息化是档案管理的必由之路。加快档案信息化建设是我国信息化建设的重要内容之一，也是加强档案规范管理、实现档案管理科学化、实现档案信息社会化服务的要求。

本书第一章主要对档案管理的基本内容进行介绍，主要从以下五个方面进行阐述，分别是档案管理的性质和特点、档案管理的内容与范围、档案管理的基本原则、档案管理的机构及职能、档案管理的标准化。第二章主要对档案管理信息化建设展开介绍，主要从以下三个方面进行阐述，分别是档案管理信息化建设的原则、档案管理信息化的技术应用、档案管理信息化的体系建设。第三章主要对档案信息数据库的构建展开介绍，主要从以下四个方面进行阐述，分别是构建档案信息数据库的理论依据、档案信息数据库的架构与功能、档案信息数据库的设计、档案信息数据库的核心业务流程。第四章主要对档案信息化管理的创新展开介绍，以期为当前档案管理的信息化发展提供思路，主要从以下三个方面进行阐述，分别是多载体档案统筹管理、文件档案一体化管理、档案资源多元化利用。第五章就事业单位档案管理信息化创新进行介绍，主要从以下四个方面进行阐述，分别是源头档案管理创新、项目档案管理创新、文化档案管理创新、事业单位档案全过程管理。第六章主要对医院档案管理信息化创新展开论述，主要阐述了以下三个方面，分别是医院档案信息管理现状、网络环境对档案信息管理的影响、医院档案管理信息化创新及对策。

本书约 20 万字，其中，第一、二、三章由崔驰撰写，约 10 万字；第四章以及第五章第一、二节由韩耀武撰写，约 5 万字；第五章第三、四节以及第六章由付立撰写，约 5 万字。

在撰写本书的过程中，作者参考了大量的学术文献，得到了许多专家学者的帮助，在此表示真诚感谢。本书内容系统全面，论述条理清晰、深入浅出，但由于作者水平有限，书中难免有疏漏之处，希望广大同行及时指正。

崔　驰

2023 年 6 月

目　录

第一章　档案管理概述

本章主要对档案管理的基本内容进行介绍，主要从以下五个方面进行阐述，分别是档案管理的性质和特点、档案管理的内容与范围、档案管理的基本原则、档案管理的机构及职能、档案管理的标准化。

第一节　档案管理的性质和特点

档案管理是应用科学的理念和技术来策划、组织、维护和利用档案，以满足各个实践领域的档案服务需求的一项工作。科学管理有意义的档案是它的主要职责，从而满足社会对这些档案的使用需求。

一、档案管理的性质

档案管理工作是国家科学文化事业体系中不可或缺的元素，犹如一张拼图中必不可少的一块。档案作为最早的记录方式，具有保存历史、分析古代文化、提供政治信息等重要职能。它对于建立国家记忆、社会记忆及民族记忆意义重大，是一种无可替代的重要信息源。档案管理的核心职责是收集、保护和分类整理档案文件。这项工作对于记录历史、保护我们的记忆及传承文化等意义重大。从微观层面看，档案管理是机关和团体各项管理工作中不可或缺的部分，它的作用是为其他管理工作提供支持和协助。例如，财务管理工作中必不可少的一部分是会计档案管理，而在生产管理、技术管理和科研管理工作中，科技档案管理也扮演着重要的角色。原始信息的丰富性使得档案成为文献信息管理系统不可或缺的组成部分，因此管理档案及其工作是必要的。随着档案管理的不断完善，人们对于档案信息的需求日益增长。因此，档案管理的重点已经从保管好档案实体转向了有效地开发和利用档案信息，以满足不断增长的社会需求和期望。

二、档案管理的特点

（一）档案资源积累的缓慢性

实践活动的不断进行使档案逐渐积累而成，与图书资料不同，档案无法进行大规模印刷和广泛发行。由于绝大部分档案只有唯一的原始文件，即所谓的“孤本”，因此不适宜随意进行复制。尤其是历史文献的珍贵程度更高，因为能保留至今的数量非常有限，所以需要特别重视保护。又因为档案资源积累速度较缓慢，所以相对于一般的图书资料，其价值更高。由于档案的保管和保护备受关注，因此其利用率不可避免地受到了影响。

（二）档案管理过程的阶段性

我国的档案管理经过两个发展阶段：开始时被称为档案室时期，之后逐渐发展为档案馆时期。随着档案的发展阶段的变化，其价值也会发生变化，因此需要针对不同的管理方式和受众对象进行适当调整。在档案室阶段，档案归所属单位管理和使用，为该单位提供证据和参考，同时也是过渡期必要的重要构成部分。随着档案被收藏于档案馆，其与原始创造者的关联逐渐削弱，但其对社会的价值逐渐提升，从而进入了永久保存的阶段。在档案馆对阶段性档案的管理过程中，除了确保档案的安全性，也需要积极思考和规划，主动向社会各界提供档案服务。

（三）档案管理活动对档案形成者的依附性

文献档案是随着其产生者的活动而生成的，能够全面记录产生者的历史、观点、经验和成果，并包含与产生者利益密切相关的所有事实和数据。因而，档案与创建者息息相关，档案的价值与其创建者紧密相连。但档案与其形成者之间的紧密联系阻碍了档案像图书和其他资料一样广泛传播和交流。并且这种联系有时会限制档案管理活动的范围。

（四）档案管理对社会的相对封闭性

记录个人档案的重要性在于它直接涉及该个体的权益，同时，还有一些档案包含着国家的政治、军事、经济和技术等重要机密信息。因此，自档案形成之日起，需要经过相当长的封存期，只有当封存期结束后才能根据需要有选择性地向外界开放。档案管理与图书资料的特点形成了鲜明的反差，前者以封闭性为主要特征，后者则强调时效性。档案管理的封闭性导致档案在保管和使用之间出现了矛盾，在整个档案管理过程中这种矛盾不断推动着档案管理工作的进步。

第二节　档案管理的内容与范围

一、档案管理工作的内容

档案管理的中心工作有八项，涵盖了资料的搜集、整理、鉴定、存储、计算、查询、编制和充分利用。档案管理的基本职责包括收集、分类、评估、维护和整合档案资料。此工作的主要目的是对实体档案进行规范的整理、分类和计数，建立一个涵盖多种类型和载体、数量丰富的馆藏系统，以保障那些需要充足档案资源的人进行有效利用。符合规定的实物管理可以促进档案信息的整合、编制及有效利用，这是档案信息管理工作的重要组成部分。它的主要宗旨在于满足社会各界对档案使用的需求。随着档案管理技术的不断提升，人们更加注重有效利用档案资源。因此，档案编目检索和编纂工作也变成了专门的档案业务，这进一步改变了档案管理的内容和范围。

二、档案的类型及档案管理工作的范围

（一）普通档案管理和专门档案管理

普通档案一般指机构、团体、企事业单位在日常工作中产生的各类文书资料，包括但不限于党务档案、政务档案和机关事务档案等。专业档案是指特定领域或专业活动所产生的专用文件资料，用于记录特定的业务活动内容。档案可以分为多种类型，如科技、人力资源、财务、教学、法律司法、艺术文化、外交等。

通常情况下，普通档案有其与众不同之处，与专业档案的特点不尽相同。党和国家各级机构在进行日常管理活动时，会产生大量的书面文件，这些文件被归纳为普通档案。一般来说，档案都遵循公共事务的标准和模式，且都有一套固定的文书处理流程。普通档案汇集了多种来源的内容，具有大量的信息资源，它是各级综合性档案馆收藏的关键部分。专门档案的生成有其独特的模式，其形式也有其独特性。不同于普通档案的是，专门档案不需要经过机构的文书处理来产生。不同的档案类型需要使用特定的文件格式和规范来记录和保存。例如，各种不同类型的文件档案（以下简称文档），如图纸、报表、账簿和试题卷等。一般而言，同一类别的专业档案来源较为有限，通常由一个主管机构负责搜集，档案内容也

较为单一，但同类文献的数量相对较多。因为不同专业档案都有其独特的属性，所以需要针对它们采用不同的管理方法。

（二）纸质档案管理和特殊载体档案管理

大部分国家的档案以纸质形式存在，即档案用文字来记录，以纸张为载体。具备特殊媒介形式的档案是记录在非纸质载体上的，以非文字方式表述，如图像和声音等形式。这类文件可分为声音 / 视频档案、缩微档案及电子档案等多种类型。

特殊载体档案具有独特的材料制作和信息存储方式，因此需要采用特殊的保管条件和方法。

（三）公共档案管理和私人档案管理

公共档案是指政府机构或公共管理机构在履行行政职责或公共事务时所记录的文件和数据，这些档案属于全社会成员的共同财产，因此各级公共档案馆有责任负责收集、保管并向公众提供服务。

私人档案可以由个人档案、私人企业档案、教会档案、私立大学档案和家族档案等多个部分组成。一般来说，私人档案由个人或企业拥有和保管，不对外公开。因为私人档案中蕴含许多历史文化的珍贵价值，因此，不少国家实施了国家干预的管理措施，如立法等。尽管我国的档案法并未对私人档案做出明确的界定，但明确了各种形式的档案归属权，并规定国家所有的档案必须根据规定送交国家档案馆。对国家和社会具有重要价值或需要保密的档案，无论是属于集体还是个人，都需要档案所有者妥善保管。

（四）古代档案管理、近代档案管理和现代档案管理

在中国，古代档案指的是在 1840 年之前形成的档案。近代档案指的是从鸦片战争开始到中华人民共和国成立之前的时间段，即从 1840 年到 1949 年之间所形成的文书记录。现代档案是指自中华人民共和国成立以来所保留的档案记录。历史档案有古代档案和近代档案两种类型。

由于档案的多种类型和分类，使得档案管理的范围非常广泛。要有效地管理不同类型的档案，必须针对它们的个性化特点和生成规律，采取相应的差异化管理策略。这同样为文书档案管理、科技档案管理、人事档案管理、会计档案管理、教学档案管理等在各自专业领域提供了多样化的运用场景。

第三节　档案管理的基本原则

根据《中华人民共和国档案法》（以下简称《档案法》）第四条的规定，为了保证档案的完整性和安全性，方便社会各界使用，应当按照统一领导和分级管理的原则来开展档案工作。《档案法》规定了我国档案工作的基本准则，并结合自中华人民共和国成立以来的档案工作实践进行了总结，促进了我国档案工作的进一步完善和发展。这一原则的基本思想包括三个部分。

①确立了档案工作的组织原则和管理体制——统一领导、分级管理国家全部档案。

②提出了档案管理的基本要求——维护档案的完整与安全。

③体现了档案工作的根本目的——便于社会各方面的利用。

一、统一领导、分级管理国家全部档案

在我国的档案工作中，采用了“统一领导、分级管理”的组织原则和管理体制，以确保国家所有档案得到统一管理和适当保管。其基本内容可概括为以下三个方面。

一是国家全部档案由各级、各类档案保管机构集中保存。根据我国《档案法》规定，不同的档案类型，无论是针对国家、集体还是个人，都应当实施相应的管理措施。政府部门、国有企业和其他组织的文件必须依规定定期移交给专职档案管理人员或机构进行管理，任何人不得私自保留。国家机关或专业系统的文献资料若需要永久存档，则须遵守规程向各级综合性或专业性档案馆移交。国家和社会所有的重要档案，无论是集体所有还是个人所有，档案所有者都应该妥善保管并且保密。国家档案馆可以接收档案所有者向其寄存或转让的档案。

二是全国档案工作由各级国家档案行政管理机关统一、分级、分专业地进行管理。统一管理即由国家行政管理机关牵头，全面规划和协调全国档案工作，包括制定档案法规和标准，提出统一方针政策，以及对档案业务进行指导和监督。其目的在于使全国各地的档案事业合理有序地发展。

为了确保档案管理规范，在不同层级政府机构中设置专门的部门分级管理。这些部门将制订地方档案工作计划和制度，以适应国家法律法规和当地实际情况，并负责监管和监督机关、团体、企事业单位和其他组织的档案工作。

中央各专业主管机关在国家档案行政管理机关的指导下，实施分专业管理，

旨在针对各专业领域的特点，制订相应的档案工作规划和制度，以确保该专业系统内的档案工作得到有效监督和指导。

三是党、政档案和党、政档案工作实行统一管理。在1959年之前，我国实行党、政分开的档案管理体制。1959年1月7日，中共中央发布《关于统一管理党、政档案工作的通知》，自此我国实行了党、政档案工作的统一管理体制，各级党委直接承担领导责任。这一决定保证了档案工作的有序运作。尽管领导方式曾多次改变，但管理党、政档案和开展党、政档案工作的方法依然保持不变。

二、维护档案的完整与安全

在档案管理中，确保档案完整无缺且安全可靠，是非常重要的必要条件。维护历史真实性的前提是保证档案的完整和安全，这也是档案工作必要的物质基础。

（一）维护档案的完整

档案完整性包括两个方面：一方面，需要充分并完整地收集到所有的档案；另一方面，需要对档案进行有组织的整理。为保证档案完整性，需要收集所有具有保存价值的档案，并避免任何遗漏或损失。要真正保持具有保存价值的档案的完好状态，必须实现跨单位、系统、地区和国家的保存。通过遵循档案形成规律，有计划地整理档案，以保持档案之间的内在联系，形成一个互相补充和协调的整体，这就是系统性的档案整理。使用这种策略，可以展示一个社会组织、一个地区或一个国家在社会活动中的发展和主要特征。

（二）维护档案的安全

确保档案的安全要从实体和内容两方面入手。重要的历史资料通常被归档保存，往往只有单一的原本存在，而且越是古老的档案价值越高。然而，受到社会和自然因素的影响，档案资料被损坏可能难以幸免。为保障档案实体的安全，我们需要尽可能延长档案的使用寿命；同时需要确保档案信息中的机密不被泄露或故意破坏。

三、便于社会各方面的利用

档案管理的根本目的在于让这些档案得到更广泛的社会使用，这也是决定档案管理工作质量的关键指标。在进行档案管理工作时，应始终坚持以方便社会各方面的利用为宗旨，这一原则贯穿整个档案工作的方方面面。我们应该根据这一原则，制定档案规章制度并安排档案工作。此外，在评估和检查档案工作质量时，我们应当以此标准为主要依据。我国档案管理工作基本原则的三个方面相辅相成，互为依托且不可分割。核心原则是实行统一领导和分级管理制度，只有这样，档案的完整性和安全性才能得到保障，从而方便社会各方面的利用。若档案缺乏完整性和安全性，则将无法便利地使用档案，因此，维护这两个方面是确保档案有效利用的手段。档案的完整与安全只有在对社会有用的情况下才有意义。

第四节　档案管理的机构及职能

根据我国的法律法规，为了实现对全国档案的统一领导和分级管理，必须成立全国级档案机构，来负责管理整个国家的档案工作。这是法律法规所规定的，并且必须遵守。单位内的档案室（处、科）应负责统一管理各部门的档案。需要永久存档或历史价值高的文件由各部门、机构和单位进行整理归档，并委托不同级别的档案馆进行统一保管。各级档案行政管理机构统一协调，并按层级分工对全国档案工作进行监督和指导。一个紧密而完整的组织网络形成于全国各地的档案保管机构和档案行政管理机构之间。

一、档案室

本单位（涵盖机关、团体、学校、工厂、企业、事业单位等不同类型的组织）的档案保存和管理工作由组织内部的档案室负责，档案室具有管理和研究咨询性质。党政军等机构都非常依赖档案室这个重要部门，因为它负责着机要情报的处理和管理。在国家档案工作组织体系中，档案室是最基础的业务单位，数量最多，规模最大。

（一）档案室的性质、作用和任务

1. 档案室的性质

档案室作为全国档案工作体系中最基层的档案业务机构，其性质如下。

①档案室是机关的内部组织机构。

②档案室是保存档案的过渡性机构。

③档案室的主要任务是服务于本机关。

2. 档案室的作用

①机关内档案室的职责在于通过提供档案资讯和信息支援的方式为机关的职能活动提供协助和支持。

②档案室的基础设施对全国档案工作的顺利开展具有重要的作用。得益于档案室的建立，国家的档案资源不断地被积累和充实。

3. 档案室的任务

基本上，档案室的职责就是把本机构不同部门所形成的各种不同类型和格式的档案都集中起来统一管理，以方便提供服务、支持机构的各种工作，并且在为党和国家积累档案史料方面做出贡献。档案室的具体任务在《机关档案工作条例》《机关档案工作业务建设规范》等文件中有明确规定，可概括如下。

①监督和指导本机关文书部门或业务部门对文件材料的归档工作。

②负责长期保存所有有价值的部门文件、档案和相关资料，并且提供相应的使用服务。

③把具有可持续收藏价值的档案定时转交给相应的档案馆。

（二）档案室的类型

1. 普通档案室

通常，机关档案室、文书档案室或普通档案室是指负责管理政府、党组织、企业、团体等机构的文书档案的机构。这种档案室在全国是最普遍的。

2. 科技档案室

科技档案室是一个专门保存科技档案和科技文件资料的地方。科技档案室通常设立于工程设计院、科技研究机构等单位。

3. 音像档案室

音像档案室是用于存储特殊载体档案，如影片、照片、录音等的档案室。通常，电影公司、制片厂新闻摄影部门，以及广播事业单位等会设立音像资料库。

4. 人事档案室

由于人事档案的特殊性，为了更好地管理，通常需要单独设立人事档案室进行保管，并与其他档案进行区分。一般来说，人事档案室在机关的人事管理部门或组织部门。

5. 综合档案室

综合档案室是一个综合管理本单位所有档案的机构。其具有重要的优势，可有效管理本机构生成的各类普通及专门档案，以及特殊载体档案，支持资源分配和信息综合开发利用。

6. 联合档案室

在某个地方，尤其是在同一城镇中，一些机构可能组建一个档案中心，共同负责保存和管理各自单位的档案。常常被人们称作联合档案室的机构就是这个机构。

7. 企业档案信息中心

企业档案信息中心是一个综合性的信息管理机构，它同时管理档案、图书和情报等多种信息资源，并且通常建立在大型企业现有的图书、档案和情报机构的基础上。通过设立企业档案信息中心，企业可以更好地适应信息网络时代的信息集成管理需求，同时可以加强信息资源的共享和联合开发。

二、文件中心和档案寄存中心

（一）文件中心

文件中心是一种过渡性的档案管理机构，位于文件形成单位和档案馆之间，旨在实现社会化、集约化和专业化的档案管理。

文件中心最早诞生于第二次世界大战（以下简称二战）时期的美国。其产生的主要原因在于文件数量激增与文件形成单位难以承担保管任务之间的矛盾。二战期间，美国军事部门产生了大量的文件，这些文件办理完毕以后积存在机关办公室，给现行机关造成了空间的压力和管理的负担。为了妥善保管这些尚未到移交档案馆年限和销毁年限的半现行文件，美国海军部首先引进了一种新型文件管理机构——文件中心，该中心专门将那些本应归档但又未到归档期限、使用频率较低的文件集中存放在成本较低的专用仓库中。二战结束后，很多国家开始效仿美国的做法，成立一些类似的机构来管理档案，如加拿大的中间档案馆和英国的过渡性档案馆等。

1988 年甘肃省永靖县成立了我国第一个文件中心，并在不断摸索中总结出一整套文件中心运作和管理的方法。2000 年通过的《全国档案事业发展“十五”计划》明确提出：“研究建立基层文件中心的实施方案，在北京、青岛、深圳等地开展相应的试点工作。”① 据此，我国加强了建立文件中心的试点工作，并出现了不

① 张端，刘璐璐，杨阳. 新编档案管理实务 [M]. 成都：电子科技大学出版社，2017.

少成功的案例，如青岛市崂山区文件中心、深圳市文件中心等。2002 年 4 月 26 日经深圳市第三届人民代表大会常务委员会第十五次会议通过的《深圳经济特区档案与文件收集利用条例》第二章第八条规定“市、区政府设立的文件中心，是集中保管与提供利用同级机关、事业单位处理完毕的文件的机构。其主要职责是接收同级机关、事业单位处理完毕的文件；对接收的文件进行整理、鉴定和保管；向市或者区档案馆移交需长久保存的档案；向国家机关、社会组织及个人提供利用文件。”[①]2002 年 10 月，深圳市档案局建立文件管理中心，集中管理市民中心各单位移交的文件，避免各单位单独设立档案管理机构。此外，北京市西城区、海淀区、石景山区等区也相继建立了机关文档中心，实现了现行文件和档案的集中管理。

文件中心可以分为政府和商业两个主要类别。政府文件中心是一种非营利性机构，由县级以上人民政府成立，致力于提供文件和档案管理服务，服务范围包括政府机关和社会各界。商业文件中心是一种为商业和个人提供文件存储、管理和服务的机构，是具有经营性质的档案管理机构，由有关机构或个人创办。文件中心尽管还未被纳入国家档案管理系统，但仍需要遵守国家有关档案管理法规和标准。

（二）档案寄存中心

档案寄存中心是一个为不同的企业、社会团体和个人提供收费档案寄存服务的机构，通常由国家综合档案馆或其他独立法人设立。它的基本宗旨是为无法被档案馆收录或缺乏安全保管条件的企业、破产机构、社会组织和个人等提供文件和档案存储服务。档案寄存中心仅提供档案的安全保管服务，且在保管期间，档案的所有权并未转移至档案馆。1998 年 10 月，深圳市档案馆成为我国第一家建立档案寄存中心的机构。

三、档案馆

（一）国家档案馆

各级国家档案馆是科学文化事业机构，其管理机构直接隶属于中央或地方各级档案行政管理部门（或相关部门）。国家档案馆包括综合档案馆和历史档案馆。

综合档案馆按照行政区域的划分设立，负责收集和管理该区域内各类档案馆

① 张端，刘璐璐，杨阳．新编档案管理实务[M]．成都：电子科技大学出版社，2017．

的档案。一般来说，综合档案馆是党和政府所管理监督的机构之一，职责为收集和保管与党和国家在各个领域的管理活动有关的档案材料。它在国家档案馆和档案行业中扮演着重要的角色。中国的历史档案馆包括中国第一历史档案馆和中国第二历史档案馆，它们保存了丰富的历史文献资料。

中国的档案馆属于党和国家的科学文化机构，这在《档案法》及相关法律中有明确的规定。它的核心职能在于提供中心支持以永久保存档案，并扮演着促进科学研究和利用档案资料的主要角色。

我国的《档案馆工作通则》规定档案馆的首要任务是管理党和国家所有的档案和相关资料，以确保信息真实、完整和安全，从而实现高效管理的目标。此外，档案馆还通过主动向外部提供档案利用服务的方式，为推进社会主义现代化事业做出了贡献。具体措施可以涉及以下方面：收集和征集文件资料、规范文件管理流程、积极宣传文件的应用价值、编辑和发布历史档案等。

（二）专业档案馆

专业档案馆可以分为专业系统档案馆和以特殊载体为馆藏的档案馆。这些机构包括但不仅限于中国人民解放军档案馆、中国照片档案馆、中国电影资料馆、中国现代文学馆，以及城市建设档案馆（城建档案馆）。

（三）部门档案馆

专为管理国家机关各种文件而设立的档案馆被称为部门档案馆。本部门及其下属机构所生成的所有档案将在永久保管期内由外交部和安全部档案馆负责管理，无须转移交由国家档案馆管理。由于最高人民法院、最高人民检察院、公安部等所形成的档案数量大，工作查考的周期长，因此也需要建立档案馆，负责管理涉及本部门和其附属单位的档案。然而，对于那些需要被永久保存的记录，我们在本部门的档案馆中保留 50 年后需将其移交给国家档案馆。

某些中央专业主管机关，如中国海洋档案馆、中国气象局气象档案馆、中国邮政档案馆、核工业档案馆、化工档案馆等形成的专业性档案的数量大，技术性和专业性强，因此建立了部门专业档案馆。

（四）大型企事业单位档案馆

一些大规模的企事业单位及高等院校往往会设置自己的档案馆，这些档案馆长期保留了单位或院校所创造的历史纪录，成为档案最终存储之所。我国的企业档案馆属于 20 世纪 80 年代末期开始兴起的档案馆类别之一。

随着我国社会主义市场经济的发展，以及政府职能的转型，还出现了一些新的档案机构，如档案事务所，它主要提供档案用品及物资的经营服务和档案业务服务，实行商业化运营。此外，自2002年开始，深圳市档案馆开展了“文献服务中心”的工作，并得到了各地县级以上综合性档案馆的积极支持。他们陆续建立了一个名为“现行文件利用中心”的组织，这项举措在社会上产生了广泛的影响。档案馆“现行文件利用中心”是适应我国政府信息公开和政治文明建设的需要而设立的一种新型的文件管理机构，主要为社会公众提供非涉密的政策、法规及各类现行、半现行文件的查询阅览服务，它对于推动政府信息公开活动的深入开展，扩展档案馆的社会服务功能具有重要作用。2007年4月5日颁布的《中华人民共和国政府信息公开条例》第十六条规定：“各级人民政府应当在国家档案馆、公共图书馆设置政府信息查阅场所，并配备相应的设施、设备，为公民、法人或者其他组织获取政府信息提供便利。”① 这确认了档案馆“现行文件利用中心”的法律地位。

第五节　档案管理的标准化

一、标准化的概念和原理

（一）标准、标准化的定义

标准指的是针对重复性事物和概念的多样性和相关性特征，在充分协商的基础上由特定权威机关颁布的统一规定，旨在确保在特定范围内获得最佳秩序和效益。

重复性指的是某个事物在多次出现时都具有相同的特征或行为的性质。例如，一种产品被大量、批量生产；某一特定理念、方法或标识符被反复使用；等等。只有对具有重复特征的事物制定标准，才能总结以往的经验，选择最佳方案作为今后实践的依据，减少不必要的重复劳动。

标准化是指针对重复出现的事物，制定、发布和执行一定的标准，在经济、科技、管理等领域中达到最优秩序和效果的行为。所有具体产品、定额、规划、

① 肖秋惠. 档案管理概论[M]. 武汉：武汉大学出版社，2009.

要求、方法、概念等需要规范化并经常使用的内容，都可以被视为标准化的对象。

标准化活动主要涉及三个方面：制定和发布标准、执行标准及对标准进行定期修订。这些都是标准化活动的核心内容。在进行标准化工作时，制定和修改标准是基本的必要工作，而实施和推广标准也是标准化活动中至关重要的关键步骤。标准化活动是一个连续不断、逐步提高的循环运动过程，每完成一轮循环，标准化水平都会提高一步。标准化的意义在于，促进科技进步，保证产品、工程和服务的质量，提高企业管理水平，加强国际技术交流和贸易发展，保障身体健康和生命安全。

（二）标准的种类

1.按照性质划分

（1）基础标准

它是社会生活各个方面最基本、最通用的规则，具有广泛的指导作用。举例来说，这些规则包括命名规则、绘图符号规则及分类编码规则等。基础标准是针对科学文化、生产技术及管理活动中最一般的共性问题，依据最普遍的规律性而制定的基本规定和规则，具有很强的通用性。

（2）技术标准

它涵盖科学研究、设计、制造、质量管理等方面的技术要求，主要目的是保证产品和项目在技术层面上具备优秀的性能，同时还需要制定各类技术装备和工具的规范。目前，技术标准是一种广泛存在且有着深远影响的标准。

（3）管理标准

它旨在规范各种管理活动，包括生产组织、经济和科研管理，以确保它们能够有效地实施。

2.按照级别划分

（1）国际标准

它由国际标准化组织（ISO）、国际电工委员会（IEC）、国际电信联盟（ITU）等国际组织制定和发布。国际标准对于国际上的贸易往来、技术合作和科学文化交流具有重要意义，被世界各国广为采用。

（2）区域标准

它是由国际地区性标准化组织，如欧洲标准化委员会（CEN）、泛美技术标准委员会（COPANT）、太平洋地区标准大会（PASC）制定颁布的标准。区域标准在特定的地区范围内发生作用。

（3）国家标准

这项规范必须在全国范围内实施一致，其对于国家经济和文化发展具有极其重要的意义。为了实现全国技术要求的统一，在此方面我们需要制定国家标准。

（4）行业标准

行业标准是针对某一特定领域所执行的统一规范。如果想在某个行业范围内统一技术要求，但国家标准还未考虑此事，那么可以考虑制定行业标准以实现这一目标。国务院有关部门会制定行业标准，并在公布国家标准后废止该行业标准。备案也会提交给国务院标准化行政主管部门。

（5）地方标准

地方标准由地方标准化行政主管部门制定，在特定的地域范围内贯彻实施。当工业产品的安全、卫生要求在省、自治区、直辖市范围内需要统一，但尚无国家标准或行业标准可以参考时，可以制定地方标准。地方（省、自治区、直辖市）需要建立相应的标准化管理机构，制定相关标准，并将其备案报送至国务院标准化行政主管部门和相关行政主管部门。此外，地方标准应与国家标准保持一致。在国家标准或行业标准发布后，该地方标准将自动失效。

（6）企业标准

企业标准是对企业的生产技术和组织工作的重要规定，必须得到全面执行。如果一家公司制造的产品没有国家标准和行业标准，那么该公司应该制定自己的标准，作为其生产组织的指引。公司需要向当地的标准化行政主管部门和其他相关行政主管部门报告其产品的标准并备案。国家鼓励企业自主制定更加严格的标准，同时尊重已有的国家标准或行业标准，以供企业内部使用。

根据《中华人民共和国标准化法》第六条的规定，标准分为国家标准、行业标准、地方标准和企业标准。国家标准的级次最高，其他各种标准不得与之相抵触。此外，企业标准、地方标准还不得与行业标准相抵触。标准级次的划分，是以标准的适应领域和有效范围为依据的。

3. 按照灵活程度划分

（1）强制性标准

强制性标准指必须强制遵守的规范。它是法律和行政法规所规定的健康、人身和财产安全标准，所有相关方必须遵守并执行。在各省、自治区和直辖市标准化行政主管部门制定的地方标准中，与工业产品安全和卫生相关的规定属于强制性条款，必须在该行政区域内严格执行。

（2）推荐性标准

推荐性标准指具有指导意义但不宜强制执行的倾向性或方向性标准。推荐性标准不得与同一标准化对象的强制性标准在内容上相抵触。档案工作领域的标准，绝大多数为推荐性标准。

（三）标准化的原理

标准化的原理主要包括统一化、简化、通用化和最优化。

1．统一化

将多种表达方式统一为一种或在特定参数范围内加以规范称为统一化。保持标准化对象的一致性是其核心思想，它涉及形式、功能和其他技术特征的一致性。统一化原理的基本要点如下。

①统一是为了确定一组对象的一致规范，其主要目标是维护必要的秩序和效率。

②统一原则旨在确保在选择确定的一致规范时，能够保留取代对象所必需的功能，以实现功能等效。

③统一并非永恒不变，它是相对的概念。对于某个特定的时期和情境，我们可以确定一种规范来实现统一。然而，随着时间和情境的变迁，先前的统一化将被新的统一化取代。

随着社会生产和其他实践活动的发展，各种社会活动之间的联系日益复杂，国际间的交往也逐渐扩大。客观事物发展中的多样性趋势越来越突出，统一的对象相应地越来越多，范围越来越大，统一化已经成为标准化活动中内容最广泛、开展最普遍的一种形式。

在统一化过程中需要注意两点：统一的时机选择、统一的程度及范围。

①统一的时机选择应运用预测技术和效果分析等方法，正确把握统一的时机。如果过早进行统一，就算已有的类型表现不佳，但新的、更好的类型仍未出现，那么强行统一会导致较差的类型变得合法，从而使更出色的类型无法出现；如果统一过迟，即在必要的类型早已出现，重复、低功能的类型已大量产生时才进行统一，这时虽能选择最合适的类型，但却要付出很大的代价，其原因是淘汰大量已广泛使用的技术和方法必定造成巨大的经济损失。所以，选择和把握统一的时机是统一化的关键。

②统一的程度及范围需要进行调查和研究，以确保准确地确定一致的水平和范围，以便合理进行覆盖。不同具体对象的统一性不尽相同。在制定标准时，需

要考虑哪些方面需要一致和规范，哪些方面可以灵活和有弹性，以便更好地满足实际需求。重要的是，在制定标准时必须合理适度，以满足实际需要。要根据事物发展的规模决定统一的范围，必须在全国范围内统一的，应以国家标准的形式出现；只允许在局部统一的，就应以地方标准等形式出现，不能随意扩大其范围。

2．简化

简化指将事物的种类数量在一定程度上减少，以便在规定的时间内满足一般需求。简化是一种基本的标准化途径，同时也是目前广泛采用的标准化方式之一。它旨在通过对事物进行限制，减少其多样性。

随着科学技术的不断提升，以及需求、竞争的不断增加，社会产品的种类数量急剧增多。然而，为了满足生产日益专业化和团队协作的需求，迫切需要限制产品的多样性。当大量的产品种类过度冗余并生产效率低下时，将造成社会生产力的浪费。简化的目标在于优化产品功能和性能，消除不必要、重复或低效的操作，并解决新产品推广的难题，以更好地满足社会需求。

减少冗余通常体现为，对于同一功能的标准化对象，在超出必要范围的多样性中消除多余、可替代、低效的部分，以维持其合理、简洁的构成，最终达到总体功能的最佳化。

3．通用化

通用化意味着将具有相似结构和相同用途的不同规格或形式的标准化对象，在独立的系统中一致地使用，从而实现彼此之间的互换。互换性是指产品在不同时间、地点生产制造时，具有不需要修改即可相互替换使用的特性。

通用化的最大目的是最大限度地减少重复劳动。以设计和制造零部件为例，在同一类型不同规格的产品和装备之间，总会有相当一部分零部件的用途相同、结构相近，经过通用化，可使这些零部件具有互换性，这样，在设计和试制另一种新产品时，可以简化该种零部件的设计与制造的工作量，此外，还能简化管理程序，缩短设计和试制周期，扩大生产批量，提高专业化水平，为企业带来一系列经济效益。

通用化又称兼容化，它不只是标准化的典型形式，也是标准化过程中的一个重要阶段。但它只是在某种程度上达到一致性，注重的是各系统间的协调转换。

4．最优化

当遇到一些限制条件时，最优化原理和方法的运用能够在保证实现最佳目标的前提下，进行约束的处理。优化方法（也称作运筹学方法）利用数学手段探究系统的最优路径和方案，从而为决策者提供科学决策的依据。最优化方法研究的是如何通过对管理和生产经营流程的优化，实现最大效益的目标，进而提升组织的管理水平。此方法旨在达到最佳资源利用、提高系统效率和效益，使整个系统运作更高效、优化。随着科技和商业的快速进步，最优化方法已成为管理领域不可或缺的工具。这种方法被越来越多地应用在公共管理、经济管理和国防等领域，并且正逐渐成为更为重要的因素。

比较统一化、简化、通用化和最优化原理，统一化着眼于保持一致性，简化着眼于精炼，通用化强调兼容，最优化则强调在一定条件下使系统运行最佳方案，达到最优目标。

二、档案管理标准化的内容和体系

（一）档案管理标准化的内容

1．档案专业名词术语与代号代码标准化

档案专业名词术语的规范和标准，不仅有利于档案学研究和档案学科的发展，而且有利于档案工作的顺利开展，提高档案管理效率。档案专业术语的名称和含义众说纷纭，概念范畴模糊不清，会给档案学理论研究和学科发展造成混乱，并给档案工作和档案事业的发展带来负面影响。因此，档案专业名词术语标准，是档案管理的最基础标准，应首先抓好档案专业名词术语的标准化工作，为制定其他各项标准奠定基础。

档案代号代码是用文字、数字和彩色图像等符号来代表具体概念的档案标识符。档案管理的代号代码标准化主要包括档案馆代码、档案专业名词术语代码、档案类型与档案载体代码、档案信息处理代码等的标准化。代号代码标准化对档案管理自动化有着重要的意义。

2．档案实体管理（档案业务工作）标准化

为了使档案的实体管理达到标准化水平，必须规范处理所有业务环节，包括档案的收集、整理、鉴定、保存和统计等方面。档案管理标准（档案操作规范）提供了多种指导措施，包括设立整理和归档文件的规范、确保案卷质量，规范档案的接收，确定档案分类标准，划分全宗、执行档案销毁标准，实行档案统计标准，以及规范档案规格、尺寸和表册的准则。实施档案实体标准化管理可以使档案管理质量、规格和工作流程达到规范化要求，从而有效提升档案管理工作的效率和质量。

3. 档案信息处理标准化

档案信息处理标准化对于档案信息组织、报道和交流，数字档案馆建设，以及档案信息化建设具有十分重要的意义。档案信息标准包括档案著录标准、标引标准、检索语言标准、目录组织标准、档案编纂标准等。档案信息处理标准化是建立全国统一的档案信息检索体系和报道体系，是实现档案信息资源共享的必备条件。

4. 档案管理技术与设备标准化

档案管理技术与设备标准所涵盖的范围非常广泛，其中涉及多种技术和设备标准。如计算机档案管理、缩微、数据复制、视听等技术，以及相关设备标准。这些技术和设备所包括的领域涉及档案数据库的建立、档案目录格式、缩微复制和设备规格、计算机硬件和视音设备、档案安全保护技术设备、档案建筑物的设计和档案存放装置等方面。

（二）档案管理标准体系

1. 档案管理标准体系的基本特性

各种档案管理标准相互关联、相互支持，形成了一个紧密的档案管理标准体系。档案管理标准体系综合反映了档案管理工作的制度和政策、档案管理水平，以及标准化程度。档案管理标准体系有下面几个基本特性。

（1）完整配套

所有档案管理标准都是相互关联、相辅相成的，形成了档案管理标准体系。这些标准之间相互依存，共同发挥作用。在制定和执行每种标准时，都需要有相应的配套标准。如果没有这些配套标准，那么制定的标准将无法起到应有的作用。要使档案检索工作得到发展，就需要各个方面标准的相互协调，包括档案著录、标引、检索语言和目录组织等，还需要细致制定相应规则和细则，以实现整体效果。

（2）协调一致

协调是指档案管理标准体系的各项标准在制定质量要求方面保持一致、相互补充、互为支撑，以实现协同发展的状态。

档案管理标准体系的协调一致主要有两种方式：第一种是档案管理标准体系之间的相关性协调，第二种是档案管理标准体系与外部标准体系之间的扩展性协调。

相关性协调是指在档案管理标准的一系列指标中，确保各指标相互配合、相互一致的过程。举例来说，就是在确定档案描述的方法和主题描述的方法时，应该确保它们的标引深度一致。

扩展性协调是保持两种标引规则在项目设置和指标规定方面的相互对应和协调，以确保它们的一致性。它的核心动机在于促进不同的信息资源（如档案、书籍、资料、网络资源等）之间更紧密的联系和协作。

（3）比例适当

多种类型和级别的档案管理标准组成了标准体系，其中，不同标准的数量比例反映了档案管理各个方面的状况，这种比例关系可以作为一种衡量方式。在档案管理标准体系中，不同标准的权重取决于以下几个因素：标准适用的领域、档案管理业务与技术特性的重要程度，以及对标准需求的实际情况等。

上述三个基本特性在档案管理标准体系的构成中得到了综合体现。档案管理标准体系的构成不仅受到其作为决定档案管理标准的内在因素的影响，还受到其他因素的影响。

①档案管理体制与政策法规。

②档案管理系统的结构特点。

③档案管理的发展水平与特点。

④档案管理标准化在广度和深度上的发展水平。

2.档案管理标准体系的构成

档案管理标准体系由多个标准构成，涵盖不同的档案管理领域。这些标准形成了一个完整的体系，其中，包括纵向结构和横向结构。这两种结构确保了标准之间的相互关联和一致性。

（1）纵向结构

为了有效地管理档案，档案管理标准体系被设计成分层结构，以凸显不同层次下的档案管理标准的重要性。此外，该体系还强调各个层次之间的相互联系。为了确保该体系符合标准并提高档案管理效率，档案管理规范被划分为各个层级和等级，包括国家标准、行业标准、地方标准和企业标准等不同标准。从国家标准到企业标准，通用性程度逐渐降低，个性逐渐增加。行业标准反映了行业在一定时期内的技术条件和管理水平，在行业内部起着统一和调控的作用，是行业特殊性的反映。行业标准必须符合国家标准所规定的要求。国家标准和行业标准对档案管理的指导性作用和可扩展性进行了总结和归纳。地方标准和企业标准的制定是为了适应实际情况，并在补充和完善国家标准和行业标准方面扮演着不可或缺的角色。不同层次之间互相交融、相互渗透。鉴于档案管理标准化工作起步较晚，同时标准化水平不够高，在建立档案管理标准化体系时应优先着手制定国家标准和行业标准，降低地方标准和企业标准的制定量。这样做能够保证标准的统一性和适用性。

（2）横向结构

横向结构指的是将标准体系应用于档案管理的各个领域，并在这些领域之间建立内在联系。归档管理的标准体系由各个领域标准的综合体系构成。这些子系统必须相互协调、互相合作，而且整个系统也必须参与其中，与子系统保持协调与配合。

在档案管理标准体系中，以下几个领域的档案管理标准尤其重要。

第一，档案业务工作标准体系。

档案收集标准：包括文件接收标准、交接文件格式标准和归档标准等。

档案整理标准：该标准涵盖了对全宗进行分类、设定档案标准、规定案卷格式、确保质量、对归档文件整理和档号编制制定标准。

档案鉴定标准：包括档案密级划分标准、档案保管期限标准、档案销毁标准等。

第二，档案信息处理标准体系。

档案数据库设计标准：该标准覆盖了多个方面，包括数据单元、信息分类编码、数据加密及磁带交换格式等。

档案管理系统设计标准：除了包括软件开发、文档编写、程序语言设计、输入输出格式等方面，还包括系统测试和评估等其他领域。

档案管理系统硬件标准：该标准覆盖的范围相当广泛，包括计算机型号、规格、各种输入输出设备、通信设备和中文信息处理设备等。

档案信息检索标准：该标准与档案的记录、分类、查找及数字化目录格式等相关。

第三，电子文件管理与数字档案馆建设标准体系。

电子文件的管理标准：涵盖了电子文件的收集、归档、整理、分类、元数据记录、鉴定和保管等方面。

档案数字化加工标准：涵盖数字化处理各种载体的标准化要求。如在针对缩微胶片和纸质档案进行数字化处理时所需遵循的标准和规范。具体包括数字化对象、数字化程序和数字化技术方面的内容。

数字档案馆建设标准：该标准涵盖数字档案馆的系统架构、技术和信息保障方面的规范。

（3）档案管理标准体系结构框架

档案管理标准体系结构图如图 1-5-1 所示。档案管理标准体系的总体框架概括了标准的纵向结构和横向结构，以便更好地管理档案。因此，我们需要建立一个档案管理标准体系结构框架，该框架包括档案基础标准、业务技术标准和管理标准等要素，这些要素按照重要性和优先级进行分类和排序，以构建一个科学、系统的结构框架，从而实现更加有效的档案管理。档案管理标准体系结构框架可用作规范宏观档案管理的指引和基础。

档案管理标准体系结构框架的主要内容应包括以下几点。

①一定时期内应有的全部标准。

②各项标准之间相互联系、相互制约的内在关系。

③标准的优先顺序。

④需要与其他行业配合制定的标准。

⑤继续使用的现有标准及一定时期内应制定和修订的标准。

在档案管理标准体系结构框架中，档案管理基础标准处于主导地位，它是制定其他档案管理标准的依据，在制定一些业务技术标准和管理标准时需广泛引用，具有广泛的通用性。因此，档案管理基础标准具有最高权威性，应优先制定。各种业务技术标准和管理标准涉及档案管理的各个领域，应区分不同情况，合理安排它们在体系结构中的位置。

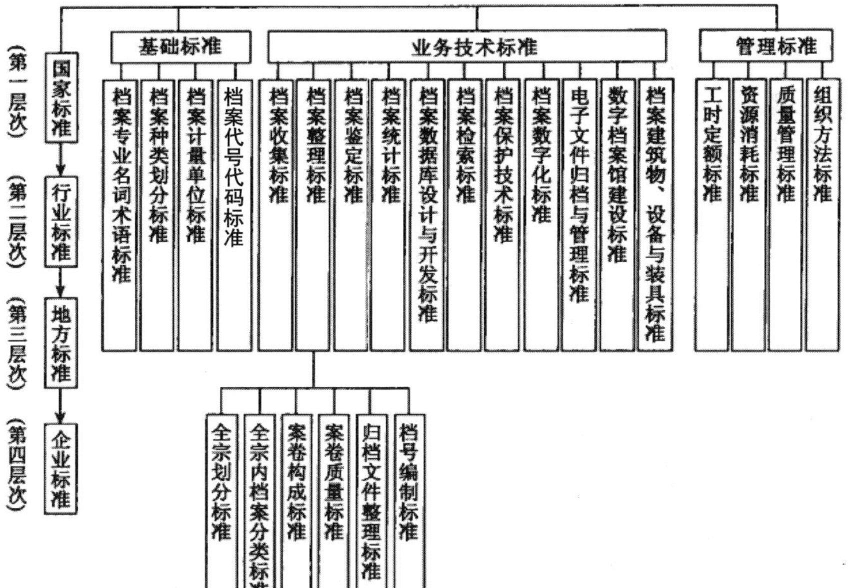

图 1-5-1　档案管理标准体系结构图

三、档案管理标准的制定、修订与实施

档案管理标准的制定和修订是档案管理标准化工作的首要环节，而标准的贯彻实施是发挥标准作用的关键。

（一）制定标准的原则

1．统一协调，衔接配套

在开展档案管理标准的制定工作前，需要进行全面深入的调研和论证，在整个档案管理工作的大局下，选择最为关键、最为紧迫的部分作为立项重点。要注意前后一致，避免自相矛盾、重复立项。具体在制定某项标准时，应与其他有关标准协调一致，避免相互抵触的现象发生。例如，为了确保标准的统一性，在制定档案机读目录标准时必须与档案著录标引标准保持一致。这有助于保持标准的一致性，并与信息处理、编码系统和硬件设备等相关标准协调一致，以确保该标准易于实施。标准制定出来以后，应及时制定与之配套的系列标准，使之产生整体效益。例如，《档案著录规则》只是对档案著录总的、一般性的规定，具体到各种类型档案的著录，还需要制定有关的著录细则与之衔接配套。如已经出台的《明清档案著录细则》《革命历史档案著录细则》《民国档案著录细则》等著录细则与《档案著录规则》一起，共同构成了我国档案著录标准体系。

2．技术先进，经济适用

档案管理标准的制定既要以档案管理实践为基础，又要能指导档案管理实践的发展。一个好的档案管理标准是促进档案管理工作发展和技术进步的推动力。因此，在制定档案管理标准时，要注意吸收档案理论研究和档案管理实践的最新成果，使之达到技术上的先进性，反映档案管理工作发展的最新水平。与此同时，标准的制定应充分考虑用户的实际需要，从现有技术水平和应用的可能性出发，将各项指标制定在大多数档案部门经过努力可以达到的水平上，以获得显著的社会效益和经济效益。如果脱离现实条件，片面追求技术的先进性而不考虑现实基础，就难以给用户带来经济效益，这样的标准是没有实际价值的。因此，在确定标准的各项指标时，必须进行全面、深入的科学分析，力求取得最佳的经济效果。

3．详简得当，项目合理

制定档案管理标准的主要目的是统一管理重要的档案业务和概念，保证档案管理工作的规范化。这些标准既不能过于笼统和简单，缺乏实际指导作用，也不能过于烦琐和约束性太强，限制人们的创造性。在档案标准项目的设置上要讲究科学合理，具有实用性。一方面要避免效益不高的项目入围；另一方面要根据标

准作用对象的特点、条件及其工作实际留有变通的余地。项目的排列次序要得当，标识符号要精确。

4. 适时制定，具有稳定性

标准是对实践经验的总结，反过来又指导实践，只有适时地制定标准才能促进实践工作的开展。如果标准制定过早，脱离档案管理工作实际，硬性规定一些目前难以达到的指标，会使标准难以推行；若标准制定过迟，等到各部门已有自己的一套做法，自成体系时再来强行统一，就会浪费大量的资源。因此，对于哪些项目应及早制定标准，哪些项目可暂缓制定标准，应做认真的调查研究，随时掌握档案管理发展动向，不失时机地开展标准化工作。在制定标准时，应注意使其能在一定范围和一定条件下，保持相对稳定性，并发挥最大效益。为此，在确定标准水平时，不宜盲目追求高指标而要使之处于一个平均先进水平状态，以利于保持标准的稳定性。

5. 借鉴和采用相关领域的国际标准和国家标准

遵循国际和本国的档案管理标准进行研究和实践，有助于提高档案管理水平和规范化水平，避免资源的浪费。同时，有助于加强机构之间的交流和合作，促进国际间的合作。为了更好地应用国际和国家文献工作标准的现有成果，应密切结合我国档案管理工作的实际，组织对这些标准的研究工作，确定哪些标准档案部门可以直接采用而不必另行制定，哪些标准可以基本采用但需补充和修改，哪些标准不宜在档案部门使用而需重新制定等。总之，凡与档案管理有关的国际标准和国家标准，都应尽量地借鉴和采用，但不可生搬硬套。

（二）制定标准的程序

制定标准是一项涉及面广，技术性、政策性很强的工作，必须按照一定的程序进行。

1. 组织标准制定工作组，编制工作方案

在指导全国专业标准化技术组织的过程中，国家市场监督管理总局和国务院各部委提出的标准化计划要求负责任务的单位制定符合国家标准和行业标准的标准。地方标准和企业标准的制定，是按相应的标准化计划的安排，由各地方行政主管部门和地方标准化管理部门组织制定或由各企业自行制定的。

标准化项目下达之后，应及时组织标准制定工作组。工作组应由具有一定技术水平和实际经验，掌握该项目全面情况的标准化人员和生产、使用、科研等各有关方面的代表组成。

标准制定工作组的第一步工作是制定工作方案，工作方案一般包括如下内容。

①项目名称。

②任务要点。

③国内外相应标准及其使用情况说明。

④工作计划与步骤。

⑤工作分工，包括负责单位及项目负责人、参加单位及分工情况。

⑥制定标准过程中需注意的问题。

⑦标准的经济效果预测。

⑧经费预算。

2. 进行调查研究和试验验证

制定高水平标准必须经过广泛的调查研究和充分的试验验证，否则标准将很难实现。为了更全面地了解适用标准对象的专项需求、现有技术、实际情况及其发展趋势，制定标准的人员需要开展全面深入的调查研究，对代表性的科研、生产、管理、流通和使用等领域的单位展开探索；了解用户需求状况、标准的使用环境和条件、实施标准的可行性、标准的适用范围；了解国内外相应标准的编制使用情况，并作为制定标准的参考和依据。

通过广泛的调查，掌握各种数据和统计资料，在吸取各方面实践经验的基础上，提出标准的项目和指标。标准指标应该经过科学的验证来确保其准确性。验证的方式可以是实地观察，也可以通过专门的实验来进行测试，以确保档案管理实践的可靠性。试验验证要考虑到标准的各种使用环境和条件，协调各方面的意见和要求，从而得出可靠的数据，确保标准制定出来后切实可行。

3. 编制标准草案

在将调查所得的资料和数据进行分析研究之后，即可起草标准，形成标准草案征求意见稿。标准草案的编写应严格遵守《中华人民共和国标准化法》第二章的要求及其他有关规定，以保证标准的严密性。

在起草标准的过程中，应编写“标准编制说明书”，内容包括以下几点。

①制定该项标准的目的和作用。

②所进行的主要调查研究和试验验证工作。

③标准中主要参数、指标和方法确定的依据及技术经济论证，与同类标准水平的对比等。

④主要分歧意见和处理情况。

⑤修改或废除有关标准的建议。

⑥主要参考资料目录。

标准草案征求意见稿随同“标准编制说明书”和“修改或废除xx标准的建议书”经主管单位审核同意后发送有关档案部门广泛征求意见。各单位收到标准草案征求意见稿后，要在规定的期限内提出书面意见，若涉及重要的技术指标，还应附上必要的技术经济论据。

标准制定工作组收到有关方面的意见后，应综合整理和逐条研究各方面的意见，根据这些意见对标准草案征求意见稿进行修改加工，形成标准草案送审稿。当分歧较大时，可能要多次征求意见，才能形成送审稿。

4. 审理和审查标准草案

（1）审理

国家标准、专业标准（行业标准）草案送审稿由标准制定工作组报由全国专业标准化技术组织审理。通常情况下，当档案管理部门需要进行审批时，全国信息与文献工作标准化技术委员会及全国文献影像技术标准化技术委员会会共同承担审核的职责。标准化技术委员会收到送审稿后，对标准送审稿的内容、编写方法、格式等是否符合要求，与相关联的标准和法规是否抵触等方面提出审理意见。符合要求的，上报主管部门组织审查；不符合要求的，退回承办单位修改。地方主管部门或企业上级主管部门会审理地方标准和企业标准的草案。

（2）审查

标准草案经审理通过后，即进入审查阶段。审查和审理不同，审理是看标准草案是否符合基本要求，为全面审查把关；审查涉及对标准内容和技术指标进行全面的、深入的讨论，以确保其适应当前的档案工作水平和发展方向，并与现行的有关标准协调一致。这样可以确保标准的先进性和合理性。

标准草案的审查需要实际工作部门、科研部门、高等院校各方面代表参加，尤其是使用方面的代表应占有相当的比例。他们对各种意见进行充分讨论和协商，使标准尽可能反映各方面的利益。

档案国家标准和行业标准的审查由全国档案工作标准化技术委员会主持；地方标准和企业标准的审查由主管部门主持，或者由主管部门委托的单位主持。审查通过后，应在一个月内按照规定整理上报。凡是由标准化技术委员会主持审查的，由该技术委员会提出标准草案报批稿，送审批；凡是由主管部门或其他技术组织主持审查的，由单位或组织提出标准草案报批稿，报主管部门审核，经同意后办理报批手续。

标准草案报批稿送审批时应附上如下材料。

①准编制说明。

②意见汇总及处理情况表。

③标准审查报告。

④实施日期和贯彻措施的建议。

5. 审批和发布标准

档案管理国家标准由国家市场监督管理总局和国家标准化管理委员会审批和发布；行业标准由国家档案局审批和发布；专业标准（部标准）由国务院各部委主管部门会同国家档案局审批和发布；地方标准由本地区标准化管理部门审批和发布，重大的报同级人民政府审批和发布；企业标准按其隶属关系，由上级主管部门审批，报本地区同级标准化管理部门编号发布。

一旦标准经过审批并发布，就会生效。审批机关批准并发布标准，也对标准进行修改和废止。制定标准的职责机构或指定单位负责确定标准的定义和规范。

（三）标准的修订

标准制定后，应在一定时期内保持稳定，使之获得应有的效益。但随着档案管理工作的开展，各种新技术、新方法、新成果不断涌现，标准中的有些内容和指标使用一段时间后会过时。另外，标准在使用过程中也会发现一些问题和不足之处。因此，需及时对标准进行修订，将先进的技术成果和实践经验纳入标准。根据档案工作实际的需要，更新过时的内容，修正不合理的指标，并对标准中的错误和不足之处进行修改。

档案管理标准的修订，由相应的全国标准化技术委员会和标准化组织（单位）负责。一般来说，自标准发布施行起，就应随时收集标准使用方面的意见，积累有关的统计数据，及时发现问题，为将来的修订做准备。制定标准和修改标准的流程基本类似，但是可能会根据实际情况简化其中的某些步骤。标准的顺序号得以保留，但年代号却需要调整，这是经过修改后的结果。

现今，世界各国标准的审查和修改频率逐渐增加，尤其是技术标准的有效期持续缩短。在我国，标准也必须定期进行复审。一般来说，复审周期应该是 3 到 5 年。在这个周期内，我们需要对标准进行确认、修订或废除的决策。

（四）标准的贯彻实施

标准制定发布后，并不意味着这项工作的完结。只有将它在档案管理实践中贯彻实施，其作用和效果才能充分体现出来。然而，我国在档案管理标准化活动中，有一种重制定、轻贯彻的倾向，对档案管理标准的贯彻工作重视不够，导致现有的档案管理标准常常得不到切实的贯彻实施，使其效益没有得到充分发挥。因此，档案管理标准的贯彻实施，是我国档案管理标准化工作中的一个关键环节，它直接关系到我国档案标准化管理水平的提高。

贯彻与实施标准的步骤如下。

1．计划与准备阶段

标准发布后，就要着手制定贯彻实施标准的计划或方案。对标准实施所要达到的目标，所牵涉部门和人员的动员，执行标准的具体步骤、措施和要求，工作进度的安排，可能出现的问题及解决的途径等内容，都要事先做出切实可行的计划，进行统筹安排。

计划制订以后就进入实施标准之前的准备阶段。准备阶段的主要工作是进行标准的宣传和培训。培训的目标对象为在标准适用范围内从事档案工作的从业人员和负责各档案管理部门标准化工作的人员。宣传和培训的目的是使大家了解贯彻某项标准的意义和作用。为了正确应用标准，我们需要确切地了解标准的目的和适用范围，并深入理解每个项目的含义。此外，我们还需熟练掌握标准的操作流程。除此之外，我们还需熟悉该标准所属的系列及其在其他标准中的地位，以及它和与它相关的标准之间的关联性。在宣传和培训时，应提供标准资料、简要介绍、注意事项、参考资料等宣传材料。

2．执行阶段

档案管理方面的已颁标准大多为推荐性标准，不能强制执行，标准的推行往往需要相关的各个工作部门的认同。标准在执行过程中往往会对现有的工作程序造成影响，会不同程度地加大工作量，对传统的工作方法和习惯带来冲击。因此，必须及时做好协调工作，使各应用部门能够认识到贯彻标准所带来的整体优化效益，自愿放弃一些局部利益，达成相互妥协，争取得到各方面的支持和配合。

为了使标准得到顺利实施，可先在少数单位搞试点，对执行标准时遇到的难题，组织力量攻关解决，取得经验后再行推广。

3．检查与总结阶段

标准实施一段时间后，要对标准的执行状况、标准实施效果及其在实施过程中发现的问题等进行检查，以便及时发现问题，总结经验，将标准的应用情况及时地反馈给档案管理标准化部门。在检查的过程中要建立和健全统计制度，将贯彻标准的原始记录和有关统计资料完整系统地积累起来，以便进行科学分析，对工作绩效做出评价。

对实施的档案管理标准进行技术或方法方面的总结和概述应该是在检查后进

行的。这个过程包括整合之前完成的工作成果和资料、总结成功和失败经验，以及拟定可行的问题解决方案。总的来说，可以给出一些观点和建议，以促进标准的广泛贯彻和深入实施。

在实际应用中，档案管理标准并非必须遵循，而是具有推荐性质。因此，我们应该兼顾统一性和灵活性两个方面的原则。在采用标准化计划时，各部门应考虑每个标准的独特性，并基于此选择符合自身实际需求的最佳方案。例如，对档案管理基础标准可直接采用；对大量的业务技术标准可根据本单位馆藏特色及利用者的特殊需要，对其中的某些项目做些调整，或者补充加细，但要以不违反标准的基本规定为限；对一系列相关标准应配套使用。总之要动员各方面的力量，照顾各单位具体情况，将标准的贯彻实施落到实处。

第二章　档案管理信息化建设

本章主要对档案管理信息化建设展开介绍，主要从以下三个方面进行阐述，分别是档案管理信息化建设的原则、档案管理信息化的技术应用、档案管理信息化的体系建设。

第一节　档案管理信息化建设的原则

为了与时俱进，档案部门运用先进的计算机和网络技术，数字化处理馆藏档案的目录和主题信息，以便广大社会群体能够更快捷地获取和利用这些档案信息资源。这一过程涉及大量的信息资源的著录、部分档案信息资源的整合等基础性的工作，也涉及按照对各种不同信息的检索利用等要求进行一系列方便系统利用的系统功能的开发工作，因此，在人力物力上必然会进行较大的投入，是一项十分庞大的系统工程。

档案馆信息化建设的具体措施，必须在科学、缜密的思想指导下进行，只有这样才能少走弯路，以较少的投入，取得最大的效益。在实际运行的过程中，这些缜密、科学的指导思想是根据社会信息化发展的一般规律，并结合档案信息化自身的特点总结和提炼出来的，在具体实施档案管理信息化建设的过程中，这些科学、缜密的指导思想便转化为必须遵循的原则。因为档案管理信息化建设本身是社会信息化的一个方面或一个组成部分，所以社会信息化实施所应遵循的原则，同样适用于档案管理信息化建设，如信息共享原则、以人为本原则、信息化建设可持续发展原则等。下面所阐述的几项原则，主要针对档案管理信息化建设而言，即在考虑信息化建设固有规律的同时，要注重档案馆自身信息化建设的特点。

这些原则有的已被其他行业的信息化实践证明是行之有效的，有的则被一些档案部门已有的实践所检验，因此贯彻这些原则，对于确保档案管理信息化建设的顺利进行和收到实效，具有十分重要的意义。当然，随着档案管理信息化建设的不断深入，这些原则所包含的思想和理念也将不断地丰富和发展。

一、协调发展的原则

档案信息化作为一项规模庞大的系统工程，从工程的组织实施上来说其固有的规律是各个子系统之间必须协调发展，这是档案管理信息化建设必须遵循的一项基本原则。

（一）同档案馆的基础工作协调发展

档案管理信息化建设需要进行大量的基础工作。其主要的工作在于各种档案信息的加工和集成，离开了这些基础工作，档案管理信息化建设就成了一句空话。因此，档案管理信息化建设必须贯彻同基础工作协调发展的原则。在基础工作中，档案信息的著录和输入是最基本的内容。档案信息的著录根据利用的要求可以有多种形式，通常用的是案卷级著录和文件级著录。案卷级著录体现着国家的有关政策，对一个案卷的内容进行著录，产生几项重要的知识性信息，从而揭示这一案卷在内容、载体方面的重要特征。

文件级著录级别较高，针对性较强，因此，在著录的过程中投入的人力、物力也相对较大。因此，对于一般的档案馆一般并不要求一定要实行档案馆藏的文件级著录，可以根据实际情况进行分步实施，可以选择一些比较重要的档案实行文件级著录。对于档案馆藏较少的档案馆，在人力、物力条件允许的情况下，则可以考虑实行所有文件级著录。信息的输入既包括已经著录的文件级条目和文件级条目的输入，也包括档案信息的全文扫描输入和相应关系的建立。这些工作在技术层面上并不复杂，但由于工作的程序复杂，工作量较大，因此在信息化实施的过程中绝对不能忽视，必须与基础工作同时考虑，严防由于基础工作没有及时完成而影响了整个信息化建设的进程。

（二）同信息技术的开发利用协调发展

信息技术的综合利用是档案管理信息化建设的难点。信息技术的综合利用，包括各种信息软件的开发、硬件配置的集成、网络环境的构建。大量的实践证明，信息化能否取得实效，其预期的效果能否达到，对系统软件的开发和利用十分重要，信息化建设的先进性就在于此。同信息技术的开发利用协调发展是指，要充分重视与信息化建设密切相关的系统软件开发和应用的重要性，在考虑做好丰富馆藏和加强著录信息化前期工作的同时，必须把实现效能的系统开发软件放在重要的位置，加大投入的力度，进行广泛的调研论证。

在进行系统软件开发的过程中，我们应积极采纳先进的技术成果，并将其加以利用。然而信息技术在不断发展变化，任何最新技术都是相对的，因此在新技术的应用方面，我们必须面对现实，实事求是。我们必须认识到系统软件开发完成后，其功能的不断完善还需要一个渐进的发展过程。而系统的开发者多数是对档案业务不熟悉的计算机技术人员，他们对系统软件的需求结构和功能的认识有一个逐步深化的过程，而信息技术的实现是各种设想和技术整合后的具体体现，因此许多技术软件在最初开发时都还不十分成熟，需要在以后的实践中不断地补充、发展和完善。因此，在信息化建设的过程中，切实贯彻同信息技术的开发利用协调发展的原则十分必要。

（三）同馆藏信息协调发展

档案信息化的根本目的是实现资源的社会共享，档案信息的功能和作用的发挥是看资源本身给社会提供了多少有价值的信息，所有这些都取决于档案馆藏的数量和档案资源的丰富程度。如果一个档案馆的馆藏达到一定的程度，结构也比较合理，信息的种类也比较齐全，那么信息化就有了比较好的资源基础，在实施信息化的过程中不会感到在档案的门类等方面存在较大的缺憾。反之，如果一个档案馆本身的数量有限，资源的种类单一，再加上自身结构的不合理，那么信息化的发挥将会受到很大的阻碍，因此，在信息化之前，档案馆自身馆藏的实际情况是一个必须考虑的基本因素。由于历史的原因，我们无法改变档案馆已有的馆藏，但我们可以扩充现有馆藏的品种和数量，通过征集等措施尽可能增加馆藏的数量，达到档案信息的多门类、多品种，为档案管理信息化建设提供较为丰富的资源基础，避免因馆藏不足影响信息化建设进程的事情发生。

（四）同实际应用协调发展

档案信息化的目的在于利用，不是为了信息化而信息化，因此在信息化的过程中必须贯彻同档案实际利用工作协调发展的原则。也就是说，必须以社会对档案利用的需求为导向，来规划和调整信息化建设的实施步骤。一方面，要以利用率高的信息作为信息化建设的重点内容，使信息化建设有一个牢固的使用基础，充分显示其对社会的适用性；另一方面，要根据社会利用需求的发展趋势，进一步扩大档案的利用范围，充分发挥档案信息的内在潜质，对信息化建设做全面的统筹和规划。另外，档案管理信息化建设是一个长远发展的战略性建设，其过程也是一个动态的发展过程，因此我们必须对信息化建设做出一个长远的发展规划，在信息化建设的实施过程中，必须根据社会对档案利用的需求变化，对要调整的档案门类和品种进行及时的调整，避免关起门来自己建设的封闭做法。综上，信息化建设要贯彻协调发展的原则，就必须重视信息化建设同实际应用协调发展。

二、分步实施的原则

档案管理信息化建设是一项庞大的系统工程，因此不可能在短时期内完成，由于各地档案馆的实际情况不同，有的档案馆的信息储存量多，信息化建设需要投入的人力、物力较多，同时由于计算机技术的发展变化较快，实现信息化在硬件上的投入较大，也不可能一步到位。因此，信息化建设必须实行分步实施的原则。分步实施包括信息资源的分步实施和系统功能开发的分步实施两部分的内容。

（一）信息资源的分步实施

档案目录信息资源的建设是信息资源建设的重要内容之一，它建设的主题内容包括本身的馆藏目录建设和本地区所用的档案目录建设两部分。这两部分资源覆盖的范围不同，基础条件也不同。对于建设本馆所藏的档案目录，需要从馆藏结构特点出发进行规划和设计，先提出整体规划和设计要求，再组织实施。对于覆盖地区范围的目录中心，由于地区方位内各档案机构的基础状况不同、目录的数据结构不同，因此需要先对能够在同一平台上运行的目录进行整合和转换。在整合转换的过程中需要解决许多技术问题，必须以科学的态度，逐一加以解决，因此在构建目录中心时，必须根据具体情况制定具体措施，并分步组织实施。对于那些基础性、专题性和全文信息的实施步骤，一般把基础性的信息作为信息化建设的第一步内容；把专题性的信息作为信息化建设的第二步内容；把全文性的信息作为信息化建设的最后内容来处理，这也是根据信息实际操作方便的难易程度，以及人力、物力的投入多少等因素综合考虑后，来实施的分步策略。

（二）系统功能开发的分步实施

档案信息的利用程度在很大程度上取决于系统功能软件的实现，这关系到以计算机技术的应用为主体的系统功能的开发。一般的开发原则是，考虑到系统开发的费用巨大，以及计算机技术的迅猛发展，系统功能的开发可采用分步实施的原则，急用、利用率高的先开发，具有拓展性功能的延续开发。系统功能的分步开发在经济上可以避免一次投入过大的开发经费，减轻经济上的压力；在安全性上可以防止出现重大失误而导致整个信息化实施的重大挫折；从系统功能的最佳实现来说，由于采用了不同的计算机技术，有利于技术的及时更新，保证系统功能与最新技术的接轨。

三、安全的原则

档案的安全管理是信息化建设的首要前提条件。进行档案管理信息化建设的工作，必须充分考虑档案的本质和档案管理方式，以确保安全性。在此背景下，我们需要综合考虑方便、高效和安全管理之间的关系，并做出合理的应对和管理。一般来说，数字化的档案存储应该使用带自动备份功能的服务器，并配置备份信息设备，如光盘库、专用网络存储设备，可对备份信息实施迁移。同时，使用安全介质定期刻录备份信息实行异地保管。

数字档案的安全保障必须建立严格的管理制度和操作规范，必须实行有效的网络安全措施，必须采取严格的授权管理系统。安全保障的原则主要包括：密级区分原则，即对密级档案实行物理隔离并落实责任到人；内外区分原则，将开发档案信息与内部业务运行过程的信息实行隔离；用户区分原则，将档案管理人员和档案形成人员，内部用户和公共用户加以区分；系统区分原则，将档案信息管理系统及其网络化归档、信息共享、辅助决策等子系统加以区分。

四、应用性原则

档案馆在实施信息化管理与建设的过程中进行馆藏档案的信息资源整合和集聚。在建设档案信息资源共享体系时，其主要任务是将能揭示和反映档案主要内容和原形特征的目录信息、相关原始档案信息，经过现代计算机技术的应用，进行海量存储，并通过多种检索途径，顺利地实现快速地直接查阅利用。要取得这些海量档案信息利用的理想效果，涉及很多的工作环节，需经历多个阶段。一般将档案信息资源的整合和开发作为信息化的前处理工作，不管前处理工作多么复杂，其最终的目的是实现档案信息工作的有效利用。为此，档案馆在实施信息化建设的过程中，首先应该贯彻的原则是应用性原则。应用性原则的指导思想是，在信息化建设过程中被整合处理的所有档案信息，必须能够适应各种利用需要。也就是说，档案管理信息化建设必须以社会各方面在相当长一段时间的利用需要为原则。

（一）获取知识的第二课堂

档案馆除了具有查考和存史的功能，还具有传播知识的功能。档案馆蕴藏着丰富的馆藏文化及本地区经济社会发展的档案资料，这些丰富的档案资料对于社会公民及青少年了解本地区的文化发展，都是不可多得的珍贵史料。

我们可以把档案馆当作学生获取知识的第二课堂，这样既能使档案馆的信息功能得到延伸，也避免了信息资源的浪费。因此，在信息化的构成中应注意把知识性的信息放在首位，这一崭新的课题对档案部门来说是一个新的挑战。因为以往的档案馆主要供查找资料之用，所以在查找接待方面积累了丰富的经验，而将档案馆作为获取知识的场所则是一个全新的管理课题。对此档案管理者必须树立全新的管理理念，从适用于知识获取方面考虑，将档案信息中具有知识性的信息有限信息化，如反映本地区社会经济发展的信息资料、反映本地著名人物的历史传记，以及具有历史渊源的档案史料等，都可以作为开辟第二课堂的生动教材，这些史料对于当地居民和青少年了解当地的历史具有十分重要的学习价值。

在档案信息化建设与管理的过程中，凡是有关当地物质文明建设和人文发展历史方面的档案信息，都可以作为知识性的信息加以知识化，以适用于社会大众特别是青少年知识获取和利用的需要。这也是档案馆为当地的精神文明建设做出的积极贡献。

（二）为领导的决策起助手和参考作用

科学的决策源自科学的管理，科学决策是科学管理的重要手段，也是各级领导组织管理实施各项大型工程或推进建设事业全面发展的先决条件，同时也是各级领导提高执政能力的重要措施。科学的决策需要有充分的科学信息，经过周密的论证后做出科学的判断，形成科学的决策。因此，充分地获取各种信息对于领导做出科学的决策十分重要。

档案信息记录了以往历史活动的进程和结果，是前人智慧的结晶，同时积累了丰富的经验教训。所有这些宝贵的信息资料对于领导做出科学的判断均具有重要的参考价值，这些信息可以开阔领导者的眼界，借鉴前人的经验和教训，以便在前人成果的基础上进行新的突破。总之，丰富的档案信息对于各级领导进行科学的决策具有十分重要的参考和借鉴意义。因此，档案管理部门在信息化建设的过程中必须把适应于领导决策参考的信息放在首位，将那些能够为领导决策提供借鉴作用的档案信息资源进行整合；在考虑和设计信息检索的途径时，应该把方便寻找和挑选有助于领导决策的信息放在重要的位置，为这些信息的检索提供方便快捷的查找方式。

（三）为科学研究提供重要的参考

科学研究是人类社会不断发展的原动力。科学研究需要大量的信息资源，特别是社会科学的研究，其研究的主要内容多为社会的政治、经济、文化和社会发展方面的内容，更离不开档案馆的信息资源。因此，把适应于科学研究作为档案管理信息化建设必须遵守的规则，是档案馆信息化建设所要重点考虑的内容。档案管理信息化建设要适用于科学研究，就必须将那些具有研究价值或能够提供可持续研究对象的原始材料的档案信息进行信息化。这类信息从大的方面来说包括的内容十分丰富，不仅包括经济发展的基础数据，也包括政治、文化及生活各个方面的详细资料。科学研究所涉及的信息面非常广泛，因此所使用的信息更是包罗万象，但由于各个时期社会的研究会有不同的侧重点，因此我们应根据社会研究的需求采取分步实施的原则，即对档案科学研究急需的资源应首先进行信息化，及时准确地为科学研究提供参考。

（四）成为爱国主义的教育基地

随着社会的不断进步，档案馆的职能不只局限在提供需要查找的历史资料，还肩负着开展爱国主义教育的重要任务。档案馆应充分挖掘自身的教育潜能，对社会大众特别是对青少年开展爱国主义教育、革命传统教育，使档案馆成为爱国主义的教育基地。国家档案局顺应这一形势，提出了把档案馆建成“两个基地一个中心”的要求。两个基地其中一个就是爱国主义的教育基地。因此，档案管理信息化建设必须服从爱国主义教育基地的建设要求，坚定不移地贯彻开展社会教育的原则。从这一原则出发，在实施信息化建设与管理的过程中，对具有教育功能和作用的有关信息档案进行整合、处理，以及建立专用的检索渠道就显得十分必要。这就需要从档案信息中挖掘具有教育意义的信息，如反映本地区历史进程的史料、人民群众的各种创造性的成果，以及反映在各个历史时期所发生的重要而深刻的变化和取得的巨大成绩的信息等。考虑到爱国主义教育基地的建设和影响，除了文献信息，也可将这些史料制成专题片或光盘配送到各个学校，使这些珍贵的史料更贴近生活，使青少年在潜移默化中受到爱国主义教育，增强他们的民族自豪感和自信心。

（五）业余休闲的需要

随着社会经济的不断发展，人们的文化需求也在不断发展并呈现多元化，休闲活动正成为一种时尚开始流行。在一些发达国家，民众文化休闲已经开始从图书馆、博物馆向档案馆延伸。因此，前来档案馆利用档案必定是有专门目的的思想正在被打破，休闲型利用已经成为一种时尚行为，读者可以在休闲的环境中得到文化熏陶和审美享受。

在国内，近年来档案界的一些有识之士也开始重视这种发生在档案馆的新的利用方式，并呼吁尽快建立相应的环境和机制，促使这种休闲型利用成长起来。为此，在档案馆实施信息化的过程中，应该看到这种虽处于萌芽状态的社会需求可能随着社会经济文化的快速发展而快速成长。休闲利用与其他利用相比有它的特殊性。由于这方面的利用目前还没有很好地开展起来，因此我们很难对这方面的需要归纳出一些规律性的东西，但我们可以从图书馆、博物馆、展览馆方面汲取营养，深入思考，进行借鉴。

休闲作为人们的一种生活方式，历史悠久，而文化性的休闲活动也必定有其自身的规律。既然是休闲，就同正规的工作完全不同，它可以没有目的，随机而来，在这里转了一圈后，得到了美的享受，精神上也得到了某种启示与升华，得到的是精神上的休息与放松，这也是一种收获。基于这样的认识，我们在实施信息化建设时，应该重视将那些具有可读性、知识性、趣味性、观赏性、珍贵性的档案信息优先予以信息化，以吸引和满足潜在的休闲利用的需要。

五、效益原则

档案信息化建设和管理要贯彻效益原则，这种效益主要指功能效益和利用效益。

（一）系统功能效益

在一定程度上系统的功能状况是衡量信息化是否达到了预期效果的一个重要指标。信息化建设能否顺利地进行和运转，在很大程度上取决于信息化功能的实现程度。信息化建设最大的经费投入是在系统功能的设计、开发及硬件设备的配置上，因此信息化功能的显示不但包括系统功能覆盖的全面性，操作维护的方便性，系统运行的快捷性、安全性等，而且包括整体功能的先进性和稳定性。一个系统如果达到了以上各方面的要求，我们便可以认为它是成功的、有效的，否则这个系统就是失败的。

（二）利用效益

利用效益指的是信息化系统能够进行各种专职性信息利用的程度。一般来说，满足度与针对性效益是成正比的，即满足度越高，其针对性效益也越高；反之，满足度越低，针对性效益也越低，这种满足度主要取决于信息积聚的覆盖面及新增信息的周期性和及时性。社会对档案利用的专职性需求经常处于动态变化中，这就决定了信息的积聚和扩充也处于动态的变化之中，即能够把社会的有用信息增补进整个信息系统，最大程度地满足专职性、特殊性信息利用的需要，提高信息利用的针对性。

（三）成本效益

档案管理信息化建设是一项长期的系统工程，特别是网络技术的运用使整个系统的结构更加复杂、技术含量更高，因此在对系统进行使用和管理上，除了对管理人员有技术的要求，在经济上也需要投入相当大的成本。一般系统维护和管理的成本效益主要包括两个方面。一方面是系统建设必须建立在科学和可靠的基础上，即必须有比较成熟的技术做支撑，确保系统建成后日常的维护和管理能够以相对较低的费用加以维持，而不会出现系统的功能发挥还算可以，但系统维护的庞大开支却难以支撑的情况，或者是系统建设先天不足，使用中毛病百出，致使在维护和管理上不断增加投入。另一方面是系统的建设必须考虑今后功能的扩充和设备的升级。也就是说，系统在建设的过程中必须考虑以后系统升级的兼容性。如果一个系统建设得很好，但生命周期很短，几年之后就无法扩容，原来的系统就无法使用，只能购买新的系统，那么这样的系统建设就没有贯彻效益原则，也可以说，这样的系统是不成熟的，是不能被市场所推广和利用的。

在信息化建设管理的过程中，我们应始终贯彻效益原则，这样可以使我们投入少量的资金，取得较好的经济效益，产生预期的效果，从而使档案管理信息化建设进入良性的发展轨道，加速信息化建设持续、稳定、健康地向前发展。

六、社会化原则

档案管理信息化建设涉及的范围广，工作难度大，需要的技术力量相对较强，这就决定了档案管理信息化建设仅仅靠档案馆自身的力量是远远不够的，必须依靠外在的社会力量才能胜任信息化建设的各项任务，这种依靠外在社会力量的做法，就是社会化原则的具体表现。

（一）建档的基础工作社会化

建档的基础工作主要指各种原始档案信息资源的加工、整合和存储。由于档案馆的信息利用比较广泛，内容也相对较多，因此这方面的工作量也相对较大，面对比较丰富的馆藏资源，要想进行信息化建设，仅仅靠档案管理人员是远远不够的，必须借助社会的力量来完成。比如，把档案数据录入的基本工作承包给专业公司，聘请有丰富经验的档案管理人员来帮助进行档案文件的著录工作等。档案馆要加强技术指导和质量监督，把好质量关，这会大大地减少档案馆的建档工作任务，也会使档案馆的工作人员有更多的时间钻研业务，在时间上保证了档案管理信息化建设的历史进程。

（二）系统开发社会化

由于档案馆缺乏专业的软件开发人员，因此档案信息系统的开发必须依靠社会上专业的开发公司才能完成。在这个过程中，关键是要选择社会信誉高、技术力量雄厚的开发公司作为合作伙伴，现在比较可行的方法是通过招标的形式确定合作伙伴。但并不是说档案馆就没事可做，由于系统的开发涉及专业的档案管理的应用，一些开发公司并不了解档案管理的业务，因此在借助社会力量进行开发的过程中，应该派有经验的档案管理人员积极参与，了解整个开发过程，特别应该注意了解和掌握一些程序技术的关键点，防止系统在今后的使用中一出现程序问题就束手无策，同时防止今后出现被系统开发商牵着鼻子走的被动局面。这也为以后本单位自己为软件升级换代打下良好的基础。

（三）系统管理社会化

随着 IT 行业的不断发展，近年来软件公司也拓宽了服务业务，开始接受管理系统的委托服务。对于一些比较小的档案馆，可以考虑采取委托管理的办法来进行信息系统的日常维护和管理。这种委托公司的做法好处是可以节省人力，弥补单位人员不足的缺点，同时可以节省在系统维护方面的经费开支，系统出现什么问题都由托管方负责处理。从不利的方面考虑，主要是缺少了使用的自主权，在信息扩容、系统升级和更新方面不能及时进行，需要和委托方商量才能解决，在一定程度上制约了信息系统的拓展。如果寻找的软件公司人力缺少、业务繁忙或技术力量不十分强，那么整个系统的升级运作将会受到阻碍。但委托服务作为一项社会化的内容有其存在的合理性，并且今后随着第三产业的不断发展和壮大、社会监管力度的不断加强、社会服务质量的不断提高、IT 行业服务领域的拓展和完善，以及档案管理人员的进一步精简，系统管理的社会化服务必将得到进一步的发展，服务行业在运行过程中出现的一些弊端会不断得到改进，相信服务行业必将为信息化的发展起到积极的推动作用。

七、数量和质量相统一的原则

数量和质量相统一，是我们开展各项工作经常要遵循的一个重要原则。在档案馆信息化建设管理的过程中，同样必须遵循这一原则，而且更具有现实的意义。档案馆信息化功能和作用的发挥，十分重要的一个因素是整个系统必须达到一定的信息量，也就是说，信息化建设首先是以一定的信息量为基础的。只有把其中不同门类的信息积累在一起，能够满足用户不同利用的需要，才能真正显示出信息化建设的优越性。但是集聚的这些新信息必须是有一定质量的信息，这就决定了档案馆信息化建设必须遵循质量和数量相统一的原则，这一原则不同于传统意义上的数量和质量统一的概念，而是有其很强的针对性。主要体现在以下三个方面。

（一）基础性数据数量和质量的统一

在档案馆信息化建设的过程中，如果整合和存储的基础性数据，如案卷级目录、文件级目录等没有达到相当的数量规模，那么所谓的信息化将大打折扣。如果有了数量庞大的基础性数据，这些数据的质量却有问题，那么将会直接影响信息检索的正确性，严重时将影响信息检索的顺利实现。就信息化功能的实现来说，基础性数据的数量决定和限制了信息化的辐射面，而基础性数据的质量将决定和限制利用者直接的利用效果，因此，数量和质量的保证，是确保信息有效检出和利用相辅相成的两个方面，必须高度重视。为贯彻这一原则，在实现信息化建设的过程中，要考虑使基础性数据的整合和存储达到一定的存储规模，同时必须严把质量关，确保每一条基础性数据都符合规定的质量标准，使整个信息系统的功能得到最充分的实现。

（二）系统功能与系统稳定运行的统一

人们在实施信息化建设的过程中，通常希望所建立的系统具有多方面的功能，能够满足多方面的要求，这可以说是对系统功能发挥作用的数量要求。而从信息化建设能够收到实效的实际经验来看，整个系统的稳定运行确保其设计的功能能够实现也很重要，这可以说是对系统稳定运行的质量要求。而在实际过程中，系统多项功能要求的实现，同时也给系统运行本身带来很重的负担，它对系统的稳定运行是一种负担，同时也是一种威胁。所以，新系统功能的强大和系统稳定运行通常是信息化建设过程中一对突出的矛盾。

一个功能强大而又运行稳定的系统是人们所期待的，但实现这个愿望通常充满风险和压力。也就是说，越是功能强大的系统，要保证其稳定运行，付出的代价将更大，负担将更重。为此，需要在实际建设中正确把握好系统本身建设的数量和质量要求，既不能好高骛远，不切实际地要求系统具有多方面的功能，也不能因陋就简，在低水平上重复；既要有创造性，敢于突破，又必须扎实稳妥，注重实效，以确保系统的多功能性和稳定运行达到圆满的统一。

（三）经费投入的数量与信息化建设的质量相统一

档案管理信息化建设是一项规模宏大的工程，更是一项需要投入巨额经费的建设，为此必须贯彻因地制宜原则，确保投入的经费能取得理想的效果，防止出现过分贪大求全，不计成本，忽视效果的做法。为此，在信息化建设过程中需要制定严密的制度，通过系列的环节，对经费投入后建设的质量进行检测和评估，质量达不到要求的要采取措施加以整改，以确保工作质量。同时，按照经济管理学投入产出的原理，对信息化建设所做出的巨额投入，应该要求有相应的产出。

当然，由于档案信息化作用的发挥在很大程度上具有公益性，因此不能简单以经济收益的多少来要求和衡量其产出的效能，而应该从社会效益和经济效益两方面来综合评估其产生的效能。比较而言，档案馆所固有的特点决定了社会效益的产出，这是对档案馆信息化评估的一个重要方面。此项内容的贯彻，对于避免考虑不全所造成的浪费，防止没有经过科学规划和严密论证而盲目建设和决策失误等带来的损失都具有十分重要的意义。

第二节　档案管理信息化的技术应用

对于档案管理信息化建设，可以从技术方面进行分析。信息技术对档案工作的影响具有两面性。只有正确认识和科学应用信息技术，才能趋利避害，给档案工作发展带来正能量。信息技术在档案管理信息化领域中的应用前景十分宽广，具体如下。

一、影像技术

影像技术包括数码相机、摄像机管理、多媒体、流媒体、3D 展示、数码压缩、触摸屏等技术，该技术对档案管理信息化的影响如下。

影像清晰度的日益提高，使多媒体档案的记录质量和利用价值进一步提升，为档案的编研和社会服务开辟了新的领域。同时也使影像档案存储更加海量化，对档案的收集、整理和长期有效保存提出了新的挑战，并对档案存储密度和档案信息传输的带宽提出了更高的要求。

流媒体、多媒体和数码压缩技术的日益发展，将使多媒体档案的网络传播速度更快，编辑效率也更高，终端播放更加流畅。

多媒体编辑工具的功能日益强大，并向移动终端延伸，为档案多媒体编研技术的普及创造了条件，也将促进档案多媒体编研工作的广泛开展。

3D 展示技术为档案虚拟展览提供了手段，在档案信息的网络展览和社会化传播方面将有广阔的用武之地。

二、图像采集与识别技术

为了适应多媒体和全媒体技术的飞速发展，近年来计算机图像采集与识别技术日新月异。

（一）图像采集技术

数码摄影、摄像、扫描等图像采集设备的功能日益强大，使用日益便捷，由此催生了海量的、高质量的图像信息。一方面，图像采集技术使多媒体档案的收集、整理、保管、保护面临巨大的压力和难题；另一方面，图像采集技术使档案资源增添大量生动直观的优质信息资源，弥补了传统文字档案可视化不足的缺陷。

（二）识别技术

生物识别、图像识别、磁卡识别、电子标签识别等识别技术的日益成熟和成本的降低，为档案信息化的应用创造了充分的条件，在辅助档案实体的档案进出库登记、借阅登记、归还登记、入库档案清点、档案库房安全管理工作等方面有广阔的应用前景。

（三）手机二维码技术

手机二维码技术已经广泛应用于社会各领域，其也可用于档案用户身份识别、文件防伪和网站快速定位等，可显著提高档案信息主动推送和档案网站快速访问的效率，进一步促进档案事业的社会化。

（四）光学字符识别技术

光学字符识别（OCR）技术能使图像信息迅速转换为文字信息，便于将目前大量扫描形成的图像档案文件转换为档案大数据，同时便于当代大数据技术的应用，为档案的内容管理和全文检索奠定宝贵的基础。

三、移动终端技术

移动终端技术包括5G通信技术、移动电视、平板电脑、电子阅读器等，该技术对档案管理信息化有着以下重要影响。

基于5G通信的移动技术，使过去的移动脱机终端向移动互联网终端发展，可将任何公开的档案信息在任何时候提供给任何地点的档案用户，使档案利用彻底打破时空障碍。

终端的移动性更强，智能化程度更高。智能手机、平板电脑、电子阅读器等性价比迅速提升，使档案的远程移动检索成为可能。

智能终端操作系统及应用技术迅猛发展，为档案的信息采集、处理、编辑利用和传播提供了丰富的功能，也为档案事业发展提供有力的技术支持。

人机交互技术日益更新，包括触屏技术、语音处理技术、体感动作识别技术等，该技术使移动终端的用户界面更加友好，吸引了越来越多的档案用户，进一步扩大了档案工作的社会影响力。

四、融合技术

融合技术包括三网融合、三机合一和物联网技术。三网融合是指电信网、广播电视网、互联网三类网络的融合。三机合一是指电视机、计算机、手机三类终端之间的信息互联及功能优势互补。三网融合是三机合一的基础。物联网是物物相联的互联网，其核心和基础仍然是互联网，可通过识别器、传感器、控制器等技术实现人与物、物与物之间相联。融合技术对档案管理信息化的影响如下。

①使网络用户遍及社会生活的各个领域，档案信息系统只要搭上三网融合、三机合一的平台，就将显著提升其社会影响力。

②使多媒体信息的制作、编辑、传递、检索更加方便快捷，同时为多媒体信息的广泛传播及开发、利用提供了先进的平台。

③有利于减少基础建设投入，简化网络管理，降低维护成本，进一步提高网络资源共享利用率。

④物联网将进一步提高档案自动化管理水平，其在自动调阅档案、手机遥测并控制档案库房温湿度等方面有广阔的应用前景。

五、云计算技术

云计算主要应用于大型数据计算领域，在涉及大量数据处理时应用云计算可以极大地提高工作效率。档案的信息化建设是一项十分重要的工作，档案管理工作艰巨而复杂，将云计算技术引入档案的信息化建设中来，可使数据处理效率提高并使存储安全性显著增强，是档案管理信息化建设过程中应采取的一项重要举措，对于档案的信息化建设具有重要的战略意义。

（一）云计算应用于档案信息化系统的意义

档案在信息化的过程中可能面临着收集不齐全、整理不规范、利用率低等问题。云计算具有存储安全性强、数据分析处理性强、数据利用效率高等特点，可以简化档案信息化的过程，并能更好地实现档案的收集、存储和使用。

档案信息化过程往往需要耗费大量的人力、物力，而在云计算模式下，数据存储处理和服务可由云平台提供。使用云计算技术只需投入少量的管理终端和云接入设备，节省了资金。

云服务提供商还可以提供日常维护服务，保证了档案的安全管理和高效使用。首先，云计算的应用可以实现档案信息资源的全面收集整合，繁杂的信息收集过程通过云计算的高效、快速处理变得简单，通过具有强大数据存储处理功能的云平台实现了海量存储、有效管理和全面整合。其次，云计算的应用还可以提高档案信息利用率。通过云平台可以随时随地进行档案管理与使用，脱离了单一机器设备，使得档案信息管理更加灵活。云环境下的管理者和使用者可以更加便利地进行信息共享和传递，使档案信息化不再局限于局部系统，大大提高了档案信息资源利用率。最后，云计算的应用还可以缓解人员压力。档案专业人员的缺乏问题较为严重，使用云计算可以简化操作，方便非专业工作人员操作。

（二）系统架构设计

云计算包含三个层次的服务：基础设施层，基础设施即服务（IaaS）；平台层，平台即服务（PaaS）；应用层，软件即服务（SaaS）。它们分别是厂商提供基础设施获得的服务、软件开发平台提供的服务和软件应用提供的服务。系统的架构设计图如图 2-2-1 所示。

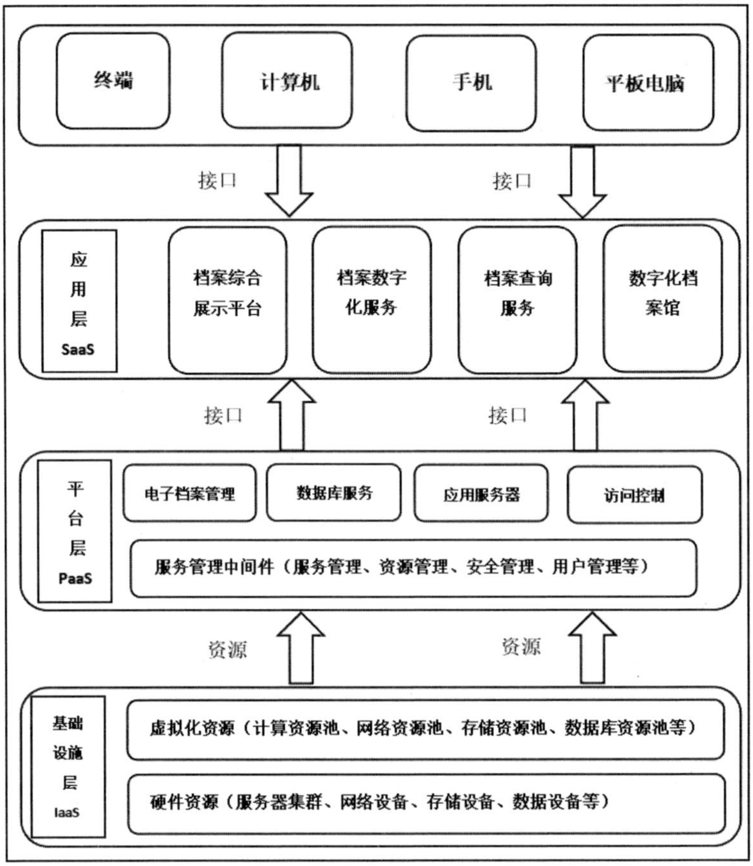

图 2-2-1　系统的架构设计图

基础设施层：这一层主要提供整个系统的各项资源。运用虚拟化技术可以进行资源逻辑切分，形成多种资源池，有利于档案信息的备份、移动和复制。

平台层：这一层主要提供多种档案信息共享应用，通过服务管理中间件可以整合现有的应用程序并可以运行新的应用程序，实现档案接收、档案管理、档案查阅等功能。

应用层：这一层提供各项针对用户的档案信息服务，即根据用户需求提供相应的应用服务。例如，提供档案综合展示平台、档案数字化服务、档案查询服务和数字化档案馆等。

（三）系统功能实现

档案信息化系统建立在云计算技术的基础上，能够对档案按信息进行收集、使用和管理。该系统将云计算的优势运用于档案管理信息化建设，通过两者的结合实现了档案信息的安全存储、便捷使用和资源共享。

基础服务器、网络连接和存储设备所需的硬件和基础软件可由云服务提供商提供，节省了各相关组织在这方面的人力、财力和物力的投入。档案信息化系统可以提供维护和管理服务，为整个系统的运行提供保障；也可以大大降低档案馆用于升级档案管理服务器带来的开销。

六、存储技术

随着数字信息存储技术的飞速发展，涌现出存储区域网络、网络附属存储、云存储、固态硬盘、存储卡、磁盘阵列、磁带库、光盘、光盘塔、光盘库等新型存储技术和存储设备。存储技术对档案信息化有着重要影响。

（一）海量化存储技术

海量化存储技术的特点是存储海量化、载体密集化、存取快捷化。海量化存储技术一方面既有利于发挥大数据电子文件存储密集、传播方便的优势，又有利于大容量多媒体电子档案的长期保存；另一方面也增加了电子档案信息失窃、失落、失真、失密的风险，使电子文件安全保管面临更大的挑战。

（二）集群存储技术

多台服务器“团队作业”的集群存储技术能显著提高档案信息化系统的快捷性、稳定性和灵活性，有利于大数据档案的安全存储、高效处理和广泛共享。

（三）自动采集元数据技术

如今计算机的各种移动终端都可以将我们的操作行为自动留痕，手机和相机的摄影、摄像都可以自动记录拍摄的日期、位置（GPS 信号）、版权等元数据。有效地保护、管理和利用这些信息，可以使电子文件元数据管理真正从理论探索走向实践，显著增强电子文件的真实性、完整性、有效性和还原历史的能力，由此确保电子文件的档案价值。

（四）固态硬盘技术

固态硬盘技术的普及将使信息存储更加稳定、处理更加快捷，也将使移动终端更加轻便、省电。这将有利于档案数字化信息的长期保存和保护，同时加速档案服务终端的移动化进程。

（五）云存储技术

云存储是指通过集群应用、网络技术或分布式文件系统等功能，将网络中大量不同类型的存储设备通过应用软件集合起来协同工作，共同对外提供数据存储和业务访问功能的一个系统。云存储有以下三种类型。

1. 公有云存储

公有云存储是为大规模、多用户而设计的云存储平台。其所有组件都建立在共享基础设施上，通过虚拟化、数据访问、管理等技术对公共存储设备进行逻辑分区，按需分配。其优点是有助于用户降低存储的成本和减轻管理的负担；缺点是放在公有云上的信息容易被入侵、窃取、破坏。

2. 私有云存储

私有云存储也称为内部云存储，是针对特定用户设计的云存储，它运行在数据中心的专用存储设备上，可以满足安全性能的需求。其缺点是可扩展性相对较差。因此，私有云存储更适合具有高标准安全性需求与性能需求的数据中心建设。

3. 混合云存储

混合云存储是为了弥补公有云存储和私有云存储的缺陷，兼备两者的优点而设计的云存储架构。它既包含能接入公共网，提供广泛应用和服务的公有云存储，又包括建立在内部网，面向某专业业务应用，采取严格安全管理措施的私有云存储。其目标是在公有云上存储开放的、需要面向社会的、广泛共享的档案信息；在私有云上存储需要保密或供内部业务使用的档案信息。由此，最大限度地实现档案管理系统的共建和共用，以及数据库资源的互联和共享；实现档案信息资源跨系统、跨平台、跨地域的网络化应用，消除信息孤岛；节约系统建设、运行、维护和管理的成本；降低信息安全的风险，实现档案信息资源的大集成和大整合，最大限度地提高档案信息化综合效益。

七、维护档案信息安全的现有技术

在信息时代背景下，电子档案是一种高科技产物。为了维护电子档案的真实性与安全性，信息安全技术的应用必不可少。安全技术包括数字签名、数字印章、数字加密、防火墙技术、备份技术等。下面就维护档案信息安全方面采取的现有技术措施展开详细分析。

（一）电子档案信息认证与恢复技术

1. 签署技术

一般情况下，电子档案签署技术包含手写式数字签名与证书式数字签名。其中，手写式数字签名是将专门的软件模块嵌入文字处理软件内部，用户运用特定的光笔进行签名，或者运用压敏笔将名字签在手写输入板上，这种方式类似于纸质文件的亲笔签名。证书式数字签名则是发件方采用密钥对文件实施加密处理，在数字签名生成后，与文件共同发出。

2. 加密技术

对电子档案信息加密是加密技术的主要功能之一。就加密技术的加密方法而言，通常采用“双密钥”的传输方法。在网络传输中，加密通信者同时拥有加密密钥与解密密钥。这两个密钥是完全不同的。一般来讲，加密密钥是相对公开的，而解密密钥则完全保密。发件方在发件时采用的是收件方的公开密钥，而收件方在解密时采用的是只有自己知道的密钥。所以即使有不法分子将密文截获，也是难以解密的。从这个角度来讲，加密技术对电子档案信息的安全起到了重要的保护作用。

3. 身份验证技术

身份验证一般是指将由数字、符号或字母等组合而成的“通行字”分配给合法用户，并将其表示为用户身份。用户要想访问系统，就必须将代表自己身份的“通行字”输入，由计算机对其“通行字”与用户其他资料进行验证。当验证结果为合法用户时，用户才有权限进入系统进行访问；如果未通过验证，则无法获得系统进入权限。目前，银行系统所使用的用户密码验证采用的也是身份验证技术。

4. 防写措施

只读存储光盘（CD-ROM）位于计算机外存储器中，仅供用户读出信息而不可再次写入或删除。而一写多读（WORM）光盘则是一种不可逆式记录介质，用户一次写入可多次读出，可追加写入但不可删除原有信息。在电子档案信息管理中，运用WORM光盘能在很大程度上提升档案信息的安全性，避免用户对档案信息进行更改或删除。当前，在计算机软件的设置项中，可将文件设置为“只读”状态，用户可读出文件信息，但不可对文件信息进行任何修改。

5. 硬盘还原卡技术

硬盘还原卡技术指的是用户对硬盘内的电子档案信息可随意更改、增减或删除，但在关机重启系统后，硬盘恢复原有状态。运用此技术，用户的所有操作行为均不会在档案信息上留下任何痕迹，这就为电子档案数据信息的原始性与完整性带来了重要保障。

（二）电子档案防病毒技术

1. 计算机病毒的产生

计算机病毒作为一种破坏性极强的计算机特殊程序，自我复制功能非常强大，其在非授权状态下可侵入数据文件及执行程序。早在 20 世纪 80 年代中期，计算机病毒就已经出现，经过 30 多年的发展，计算机病毒数量飞速增加。现如今网络病毒更是大肆流行起来，导致计算机网络安全问题频出。在信息时代背景下对计算机病毒的查杀已经成为档案信息管理工作的重中之重。

2. 计算机病毒的防治

在电子档案信息管理工作中，对计算机病毒的防治要首先明确管理观念，坚持“预防为主、防治结合”，避免计算机病毒在各个计算机软件中传播，同时要加强对已存在病毒的抑制，防止其传染其他计算机。另外，计算机病毒的传播具有非常强的主动性，所以必须采用人为干预的方式，从计算机病毒寄生对象、传染途径与驻留方式等方面入手加以防范与管理。

3. 对多种软硬件进行综合运用

在电子档案信息管理中，只要发现计算机病毒的踪迹，就应立即对病毒盘进行清理，重启计算机，对计算机病毒进行彻底查杀。同时，要加强对重要信息的保护，借助相关软件将重要信息存储于安全之处。应建立健全防毒规章制度，对软硬盘及其相关系统进行定期检查，加强对重要数据盘与系统盘的备份管理，在计算机上安装最新版本的杀毒软件，并定期升级。

（三）电子档案信息备份技术

信息备份作为维护档案信息安全的辅助措施，能通过对档案信息系统的有效恢复，确保档案信息不受安全威胁。

1. 备份技术

最初阶段的备份多指简单的复制，后期经过磁盘镜像与磁盘双工，逐渐升级为现在的镜像站点、灾难恢复方案及服务器集群技术等先进手段。

在日常工作与生活中，用户应用最为广泛的备份手段主要是磁盘镜像与磁盘双工技术。其中，磁盘镜像通过在同一通道上的成对磁盘驱动器与盘体，实现对同一种文件或资料的连续性更新与存储。在使用过程中，如果其中一个磁盘发生问题，另一个磁盘并不会受到影响，能够继续独立运行。磁盘双工则是两个磁盘位于不同通道，通过镜像的方式来保护文件或资料不受损坏。

2. 备份的分类

备份按其范围分，包括数据备份和系统备份。数据备份是指为防止数据丢失或损坏，将计算机系统中的数据复制到后备存储器中的过程。系统备份是指对整个计算机系统，包括系统软件、应用软件、数据库管理系统、数据资源、系统管理参数等进行备份。系统备份的目的是防止因软硬件故障、计算机病毒或人为误操作等原因造成计算机系统不能正常启动或运行。数据备份则仅对系统中存储的数据进行备份。显而易见，系统备份应当包括数据备份，系统备份的范围要比数据备份的范围大得多。由于档案数据量浩大，递增迅速，保真要求高，安全管理要求严，因此，加强档案信息安全的主要措施是加强档案数据备份。下面主要介绍数据备份。

数据备份技术分为热备份和冷备份两种。

热备份是动态、实时的备份。其优点是备份时间短，在备份时数据库仍可使用；可对几乎所有数据库实体做恢复；恢复快，可达到秒级恢复，且在大多数情况下可以在数据库工作时恢复。其缺点是不能出错，否则后果严重；若热备份不成功，则所得结果不可用于时间点的恢复，所以在操作时要特别仔细。

冷备份是静态、定时的备份。其优点是容易操作；容易恢复到某个时间点上；能与归档作业相结合，做数据库“最佳状态”的恢复；维护简单，高度安全。其缺点是在单独使用时，只能提供到“某一时间点上”的恢复；在实施备份的全过程中，数据库是关闭的状态，不能做其他工作；若磁盘空间有限，则只能拷贝到磁带等其他外部存储设备上，备份速度会很慢。

3. 档案备份的载体和方法

档案备份的载体有硬盘、磁带、光盘、纸、缩微胶片等，其选择要注意以下几方面。

电子档案一般用硬盘、磁带、光盘来做备份。为防止电子档案被修改，可利用一次写多读光盘只读的特点，将其作为电子档案长期存储的载体。

具有永久保存价值或其他重要价值，且未形成纸质或缩微胶片备份件的电子档案，应当形成一套纸质或缩微胶片备份件，即进行数转模处理，以确保该类档案的长期有效性。

档案备份应当同时采用本地备份和异地备份两种方法。本地备份是指将备份内容存储于实施备份单位同一建筑或建筑群内。异地备份分为同城异地备份和远程异地备份。同城异地备份是将备份内容存储于本市与实施备份单位不同地域的场所；远程异地备份是将备份内容存储于外地适当的场所。远程异地备份的场所应当选择在与本地区相距300千米以上，不属同一江河流域、不属同一电网、不属同一地震带的地区。

4. 备份管理制度

在对电子档案信息进行管理的过程中，应建立科学规范的备份管理制度，并通过有效途径予以贯彻与执行，具体如下。

（1）定期备份与实时备份的科学选择

对静态数据信息的保护，主要选择定期备份方式；对于实时数据系统，则选择实时备份方式，防止因死机或系统故障带来安全损失。

（2）对备份内容、状态与日期的选择

针对不同的信息资料，应选择相应的备份形式。以备份内容为依据，主要有全备份、增量备份及集成备份等形式；以备份状态为依据，有联机备份与脱机备份形式；以备份日期为依据，主要有日备份、周备份与月备份等形式。

（3）对备份设备的选择

在选择备份设备的过程中，应以单位的实际需求与备份设备的特点为主要依据。备份设备主要包括磁盘阵列、硬盘、光盘、软盘及组合磁带机等。

（4）规范备份制度

在备份制度的建立过程中，应充分考虑到多套备份的组合运用、异地存储方式的选择及在突发状况下对信息资料的智能恢复等。如果单位的现实状况允许，可选择较为先进的备份技术，如集群服务器技术、镜像站点等。综上所述，要想提升档案系统的运营水平，保证运营状态，维护档案信息的安全，就必须加强对备份工作的重视，建立科学完善的备份管理制度。

（四）电子档案网络传输安全技术

1. 防火墙

防火墙主要通过在系统网络与外部网络连接点设置障碍的方式，实现对非法入侵者入侵行为的阻止，同时还能避免系统网络内专利信息与机要信息的输出，以此保证系统网络的安全。

2. 虚拟专用网

虚拟专用网作为电子档案传输专用网络，将安全信道建立在两个系统中，以保证电子数据的传输安全。在虚拟专用网络中，传输双方相互熟悉，且传输的数据量非常大，在获取双方一致认同的情况下，通过运用复杂的认证技术与专用加密技术，能进一步保障电子档案信息的传输安全。

3. 网络隔离计算机技术

网络隔离计算机技术能在同一台计算机上同时实现内网与外网功能。其中，内网为系统内部保密网，外网则是互联网。通过对网络隔离计算机技术的运用，即使外网遭受非法入侵，内网系统的安全也是完全可以保障的。

第三节　档案管理信息化的体系建设

一、档案信息化保障体系建设

档案信息化是一项开拓创新的事业，同时也是一个充满风险的领域。这项事业的健康发展和逐步奏效需要一系列相互作用、协调配套的支持条件，即档案信息化保障体系。档案信息化保障体系主要包括宏观管理保障体系、标准规范保障体系、信息安全保障体系等。

（一）宏观管理保障体系

档案信息化是档案事业发展的战略举措。为了确保这项工作循序渐进、卓有成效，需要自上而下地进行总体规划和组织实施。

1. 档案信息化规划

档案信息化规划是档案行政管理部门针对档案信息化事业发展制订的全局性、长远性谋划，是对发展目标、任务、措施的宏观思维、精准描述和权威部署，是反映发展规律、驾驭发展大局、破解发展难题的顶层设计，具有激发士气、凝聚人心、统一步伐的作用。

（1）制订规划的原则

①统揽全局的原则。规划首先要明确档案信息化的指导思想、基本目标、工作任务、措施步骤、保障体系、评价指标等。为此，档案信息化规划要有前瞻性、系统性、严肃性、权威性和操作性。其在目标的确定上既要起点高，又不能不切实际地盲目拔高；在任务的确定上既要全面覆盖，又要重点突出；在措施的确定上既要宏观布局，又要微观落地；在保障体系的确定上既要建立动力机制，又要设定约束机制；在评价指标的确定上既要定性，又要尽可能定量。特别要做到与

本单位档案事业发展规划和本地区信息化发展规划相衔接，争取取得组织、资金和人力上的支持。为了落实好规划，要建立集规划制订、协调、监督、意见反馈、补充完善于一体的规划执行机制。通过落实责任、考核和目标管理，努力实现预定的信息化蓝图。

②分步实施的原则。档案信息化涉及面广、工作量大、制约因素多，因此不可能毕其功于一役。在制订规划时，要充分考虑国家、地区信息化战略的实施进度，档案信息化的近期需求，档案基础工作条件，管理制度和业务规范的配套情况，以及经费、人力的投入能力等。要在全局性、长远性目标的指导下，根据需要和可能将总目标分解为若干阶段性目标，以便分步实施。阶段性目标要处理好前后衔接关系，每一阶段的目标任务既要继承前阶段的成果，又要为后阶段创造条件，特别要将档案信息资源建设列入阶段性目标的主要任务，并提出量化的指标要求，如电子文件归档和传统存量档案数字化应当达到多少百分比等。

③结合需求的原则。长期以来，信息技术领域有一句行话，即“以需求为导向”，它是信息技术应用的一条重要规律。现代信息技术几乎无所不能，然而，只有与特定的需求相结合才能实现信息化的价值。需求决定计算机应用的发展方向、检验标准和实际效能，它是信息化系统建设的出发点、归属点和动力源泉。不重视需求或找不准需求，必然使档案信息化建设偏离正确的轨道，甚至付出沉重的代价。2002 年，美国国家档案馆为了建立电子文件档案馆，制定了电子文件档案馆的需求体系文件，之后用了 8 年时间对该需求体系文件进行了 4 次版本升级。可见他们对需求研究的重视程度，也说明了精准把握需求的难度。

④突出重点的原则。所谓突出重点，就是规划要满足重点需求。需求是一个相当具有“弹性”的概念，在分类上有一般需求和主要需求、潜在需求和现实需求、表面需求和本质需求、当前需求和长远需求等。突出重点就是要在调查研究的基础上，分析和把握住主要需求、现实需求、本质需求和当前需求。为此，在制订规划时，要从本单位、本行业的实际出发，以问题为导向，以必要性和可行性统一为基础找准需求，定义总目标和阶段性目标，一步一个脚印地有序推进档案信息化工作。

（2）制订规划的步骤

①组织机构。档案信息化规划的制订事关大局、事关长远，因此应当建立由单位主要领导主持，由信息化管理人员、相关业务技术人员和档案管理人员参加的规划起草小组，该小组具体负责规划制订的全过程工作。为了开阔眼界、借用“外脑”，还可以聘请外单位档案信息化方面的专家，对规划起草人员进行培训，

对起草工作给予咨询、审核、把关，或者直接负责规划的撰写工作。

②调研。调研主要包括四个部分：一是对国际、国内、本地区、本行业档案信息化发展战略和规划的调研，了解其对档案信息化目标、任务、措施的定位，以便为本单位规划的制订提供参考；二是对同行业或相近行业档案信息化的先行单位进行调研，以便学习和借鉴他们的成熟经验；三是对社会信息化发展状况进行调研，了解其软硬件技术发展水平，以及哪些技术适用于本单位；四是对本单位档案工作和档案信息化需求进行调研，发现和分析存在的问题，研究利用信息化手段破解问题的对策。

③撰写规划。撰写规划是指先对调研结果进行归纳总结，撰写调研报告，再根据调研报告撰写规划大纲，并征求有关领导、专家或业务技术骨干的意见，最后根据拟订的规划大纲撰写规划初稿。初稿完成后组织专家进行科学性和可行性论证，并广泛征求机关各业务部门和相关单位的意见，修改完善后交本单位领导审核、签发，随后正式颁发。

④颁发规划。在颁发规划时要一并提出规划执行的指标要求、进度要求和责任要求，并按照“言必信，行必果”的要求跟踪规划的执行情况。

（3）规划的主要内容

①回顾总结。回顾总结本单位档案信息化的进程、现状、取得的基本经验或主要体会，以及存在的主要问题。对于尚未建立档案管理信息系统的单位，可以总结本单位档案工作的现状，以及为档案信息化创造的基础工作条件，如档案制度化、标准化建设，档案资源建设，档案人才队伍培养等。

②目标定位。目标是对档案信息化建设预期前景和效果的描述。目标可以分为总体目标和具体目标两部分。目标定位要有以下“五个度”：高度，即体现高起点、高标准、高水平；宽度，即做到档案业务工作的全覆盖；深度，即要致力于解决发展中遇到的热点、难点问题；亮度，即要有创新点和闪光点；温度，即要满怀热情地贴近时代、社会、生活、百姓。总体目标的实施周期应尽量与本单位发展规划相吻合，一般为 5 年。

③任务部署。任务是对目标的细化。目标一般比较概括和宏观，任务则要尽量具体和微观。任务一般按档案信息化的要素细分，包括基础设施建设、信息资源建设、应用系统建设和保障体系建设等。任务部署要尽量做到定时、定量，如纸质档案数字化工作每年要达到多少页、占馆（室）藏总量的百分比是多少等。

④措施落实。措施是实施档案信息化的必要条件，一般包括人员观念的改变、

档案基础工作的跟进、技术平台的建设、信息安全的落实、资金的持续投入，以及人才队伍的培养等。其中，档案基础工作部分要特别强调“兵马未动，粮草先行”，即提前、重点做好电子文件归档、纸质档案数字化工作。

2. 档案信息化组织

制订科学的规划是档案信息化的起点和前提，它使信息化建设者在目标、任务、措施等方面达成了共识、统一了步骤。接着，就需要通过强有力的组织，即通过指挥、协调、监督、指导、服务等管理方式和行政手段，确保规划的贯彻落实。执行力不足会使一个好的规划流于形式，因而创新规划的执行体系和执行手段，是增强规划的权威性和约束力的关键举措。

（1）思想观念更新

档案信息化是新时期档案工作顺应潮流、抓住机遇、加快发展的重大战略。规划是战略实施的顶层设计，是长远性、全局性的谋划，是避免战略实施出现随意性和盲目性的有效举措。只有充分认识规划实施的重要意义，才能增强实施规划的责任心和自觉性。

同时，要认识到实施规划要有新思路、新对策。要改变过去重规划、轻实施，重技术、轻管理，重平台建设、轻资源建设，重档案科研、轻成果应用等片面、落后的观念。要以崇尚科技、重视改革、锐意进取、尊重人才、创新务实、真抓实干的新思路、新对策来破解规划实施中的难题，化解来自各方面的阻力，推进规划的顺利实施。

（2）组织体系创新

档案信息化应当是“一把手工程”，必须由机构的主要领导分管档案信息化工作，并建立集规划、执行于一体的档案信息化主管部门。如此才能及时高效地协调档案信息化建设中遇到的复杂关系，避免因多头管理而造成权责不清、相互推诿的现象。

档案信息系统的建设和运行涉及与外界系统的互联。前端与办公自动化互联，确保对归档电子文件的前端控制；后端与本单位各种业务系统互联，确保为社会或本单位行政业务系统提供档案信息服务。单靠档案部门难以处理与档案外部系统之间的关系，必须由本单位主要领导牵头挂帅，才能做好跨部门的组织协调工作。为此，各单位分管档案工作的领导应当同时分管档案信息化工作，负责实施档案信息化规划的各项组织工作，并将规划实施列入本单位信息化发展规划和年度计划，使这项工作在机构、岗位设置、人员、经费投入等方面的需求得到满足，从而保障规划的实施。

（3）管控措施到位

档案行政管理部门要对规划的实施采取有力的管控措施。

①要保持规划的权威性和严肃性。对已经列入规划的每项任务都要言必信、行必果，对规划后未执行的任务要追究原因和责任；按照规划制订有关项目的实施方案，规定具体的实施内容、进度、要求，一抓到底，直至见效；将规划实施的组织、协调、监督、指导纳入档案工作的法规、制度、标准、规范系统，并纳入行政部门工作的职责和考核办法，通过法律和行政手段防止发生档案信息化不作为或乱作为现象。

②要夯实档案信息化工作的各项基础。档案信息化建设的重点是档案信息资源建设。为此，要围绕档案信息化资源管理的目标和任务，扎扎实实地做好传统文件和电子文件的积累、归档，以及归档后的档案鉴定、分类、组卷、著录、编目、数据录入、扫描、保管、划控等基础工作，利用数据库技术建立起大规模、高质量的档案信息资源总库，为档案信息系统运行提供优质的信息资源。

③要确保规划实施的各项投入。切实按照规划要求落实软硬件网络平台、应用系统、数据资源、人才队伍、保障体系等各项建设任务。对建设项目的完成情况和实用效果进行科学的后评估，并将后评估的绩效列入档案信息化建设单位业绩考核的指标。资金投入要避免重硬件投入，轻软件投入；重技术性投入，轻管理性投入；重一次性投入，轻持续性投入的倾向，使资金投入在发展阶段、发展要素、发展层次上有合理的结构比例。

（4）科研教育跟进

鉴于档案信息化具有知识密集和技术密集的特点，档案科研和档案教育已成为档案信息化的两个重要支柱。为了更好地发挥科研工作对档案信息化的引领作用，要加强对档案信息化项目的选题指导、立项审查、实施跟踪和结题评审等环节的全过程管理。对不可行的项目在立项阶段就要予以否定。对科研项目的结题评审要严格把关。对重点科研项目要组织各方力量联合攻关，特别要加强档案局（馆）、档案学专业和信息技术开发公司之间的联合，从档案专业和计算机技术的紧密结合上提高科研成果的质量。要加大档案信息化科研成果的推广力度，充分发挥理论成果对实践的指导和引领作用。要采取有效的行政手段和考核措施，大力推广集成化、通用化的数字档案室和数字档案馆应用系统，彻底改变过去各自为政、重复建设、自成体系、难以互联的粗放型发展模式。

（二）标准规范保障体系

数字档案的载体、信息和生存环境的不稳定，使其真实性、完整性、有效性和安全性面临严峻的挑战，管理问题相当复杂。为此，特别需要靠标准体系来规范管理者的行为，使档案信息的制作、加工、采集、保存、保护、鉴定、整理、传递等环节都处于受控状态。标准规范体系对档案信息化的意义十分深远。标准是为了在一定范围内获得最佳秩序，经协商一致制定并由公认机构批准共同使用的和重复使用的一种规范性文件。标准化是指为在一定的范围内获得最佳秩序，对实际或潜在的问题制定共同的和重复使用的规则的活动，即制定、发布及实施标准的过程。

进入 21 世纪以来，我国有一批档案信息化的国家标准、行业标准和地方标准相继出台，但是总体来讲，配套性和系统性还不够，与信息化发展的要求相比显得比较滞后。进一步完善档案信息化标准规范体系，是当前档案信息化面临的迫切任务。

1. 标准规范建设的原则

建设档案信息化标准规范要符合我国国情，符合国家信息化工作的基本方针，同时兼顾与相关国际标准和发达国家档案信息化标准的衔接，并且遵循以下原则。

（1）适度超前原则

档案信息化标准是对档案信息化建设过程中出现的各种重复性事物和概念所做的统一规定，标准的对象在档案信息化建设中是随着时间的变化、技术的更新而不断变化的。因此，在档案信息化标准规范建设过程中，要考虑信息时代和网络环境的变化，要有前瞻性和预见性，能在一定程度上预测社会和技术的发展方向，并充分考虑相关标准的制定时机，坚持适度超前原则。标准的制定时机过于超前，可能会使标准因缺乏实践基础而偏离主题，甚至给档案信息化工作造成误导；过于滞后，则会造成大量既成事实的不统一，需要耗费大量的人力、物力进行返工统一。档案信息化标准规范的建设，要在有初步经验的基础上，根据现实情况并结合未来档案信息化发展状况开展相关工作。

（2）开放性原则

当今社会是一个开放的社会，各行业的开放程度、行业之间的交叉融合程度越来越高。在档案信息化标准规范建设过程中，应自始至终坚持开放性原则。

①要采纳各种开放标准。开放标准是指知识产权明确属于公共领域、采用开放语言和标准格式描述、有可靠的公共登记和持续的维护机制、有可靠的开放转

换和扩展机制、公开发布详细技术文件并可公共获取的标准规范。在档案信息化标准规范的建设过程中，首先应考虑采用开放标准，既可以避免重复劳动，又可以保证较高的标准化水平。

②要采纳各种国际标准。国际标准是由国际标准化组织所制定的标准，是由世界各国的专家参与制定的，它含有大量科技成果和成熟的管理经验，代表着当代科学技术和生产管理水平。档案管理信息化建设并不是我国独有的工作，世界各国的同行都在进行这项工作，其中不乏一些起步较早、水平较高的档案管理信息化建设案例。在档案信息化标准体系的建设过程中，我们应认真学习先进的国际标准，并根据自身的实际情况进行定制、修改及扩展，既能保证标准水平的提高，又能加快我国档案管理信息化建设与国际接轨的速度。

③要参照相关专业的信息化标准。档案工作与图书馆工作、情报工作、博物馆工作等相关专业工作存在着一定的相似性。在档案信息化标准体系的建设过程中，应当充分吸收相关专业在信息化标准建设方面的成功经验，尤其是图书馆在信息化标准体系建设方面较成功的经验。

④要考虑与相关标准的兼容性。在制定本单位、本行业标准规范时，要注意处理好和国际、国内信息界相关标准规范的兼容关系，还要注意和其他相关领域，如电子政务、数字图书馆建设之间的兼容关系，特别要处理好与国际、国家、行业、区域有关标准规范之间的兼容关系，以便在档案信息系统建设后能与其他相关系统顺利衔接，资源共享。

（3）动态管理原则

档案标准化过程并不是一蹴而就的，而是需要在实践中不断补充、提高、拓展的。动态管理原则是指要根据档案管理信息化建设的实践发展，对标准不断进行修订、充实和完善。档案管理信息化建设是一个长期的过程，在这个过程中，标准规范的对象会随着时间的变化而不断发生变化。特定的标准是根据特定的时间、特定的环境、特定的对象制定的，虽然要求标准制定者在制定标准时要充分考虑到未来的变化，但是预测与变化往往会有偏差。因此，标准制定完毕后，要根据实施情况及规范对象的变化及时进行修订。由于信息技术发展迅猛，因此，对于档案信息化方面的标准，实施后 3～5 年就要进行审视。对于不适应实际的标准，要及时废止；对于部分不适应实际的标准，要及时部分更新；标准规范的制定或修订既要针对档案信息化出现的新情况和新问题，又要尽量继承以前标准规范的条款，保持标准的稳定性，避免大起大落，以免使实践工作无所适从，陷于被动。

2. 标准规范建设的主要内容

档案信息化标准规范可以从管理、业务、技术和评价等层面来制定和推行。

（1）管理性标准规范

管理性标准规范是对电子档案信息资源建设和档案信息化建设、运行维护工作进行管理的一套规则，包括计算机安全法规与标准、数字档案信息资源合法性的确认等，它需要国家档案行政管理部门统一制定并推广实施，以保证电子档案信息的统一规范和资源共享。

档案信息化管理性标准规范包括两个方面。一方面是对人的管理性标准，主要是指对与档案信息化建设相关的人员进行管理的标准，包括档案工作人员管理标准、软件设计人员管理标准、用户管理标准、用户角色控制标准、用户权限审批标准等，明确档案工作人员的职责和任务，以及用户的权利和义务，以保证档案信息化建设各项工作的正常开展。另一方面是对物的管理性标准，主要是指对数字档案信息资源实体的全过程规范化管理，以及对信息化设备，如机房、硬件、软件等存储载体的规范化管理，主要规范这些资源可以给谁用、如何使用和如何保管的问题。

（2）业务性标准规范

业务性标准规范是对档案信息化及电子档案业务处理进行的规定，以解决业务操作行为不统一的问题。其范围包含与档案信息化相关的术语标准：档案信息采集标准，包括数字信息资源建设所涉及的数字化加工、元数据、资源创建、描述等；信息管理标准，包括数字信息资源组织、资源互操作；信息利用标准，包括数字信息资源检索、服务；信息存储标准，包括数字信息资源长期保存等；电子档案的术语标准及管理规范，包括电子档案的基本术语，资源的标识，描述电子档案的文件格式、元数据格式、对象数据格式等。

（3）技术性标准规范

技术性标准规范是对档案信息化及电子档案管理有关技术应用进行的规定，主要解决技术应用不适当而导致的质量问题。其范围包括硬件基础设施建设技术标准、软件系统工作平台技术标准、数据存储压缩格式规范、数据长期保存格式规范、数据加密算法规范、网络数据传输规范、数字水印标准等。

（4）评价性标准规范

评价性标准规范是对档案信息化及电子档案管理的成果和效用进行评判的指标体系，包括档案信息系统（如数字档案室、数字档案馆、电子文件归档管理等系统）的研制、档案信息资源的开发和利用、信息安全和信息技术应用的广度和深度、信息化人才开发、信息化的组织和控制、信息化的效益等评价的标准。其中，档案信息资源的开发和利用应该是测评指标体系中的重要部分，可细化为馆（室）藏档案数字化的数量、多媒体编研成果的种类和数量、数字信息的提供利用方式和数字档案的利用频率等。

3. 标准规范的贯彻落实

标准一旦颁布生效就应当具有严肃性和权威性。为了更好地落实档案信息化标准规范，要做好以下工作。

第一，档案信息化标准规范的宣传教育。通过举办专题培训班，或者将有关标准内容纳入档案专业培训课程，宣传有关标准规范贯彻的意义、目的、内容、要求。

第二，采取行政手段，加强对档案信息化标准规范的宣传贯彻力度，做好常态化督促、检查和指导工作。

第三，将档案信息化标准规范的执行情况纳入信息化项目的评审、鉴定、验收程序和要求，贯标通不过，责令整改；整改通不过，项目不予通过验收。有了规范就要做规矩。所谓“做规矩”，就是要对不贯标的档案信息化建设项目敢于否定，对貌似可行的违反规范项目及时制止。从建设项目立项评估、可行性研究等前端开始，就给予强有力的标准指导和贯标监管。

第四，档案信息化标准规范建设要与时俱进。档案行政管理部门要收集贯标工作的信息反馈，及时发现标准规范脱离实际的情况，以便在调研分析的基础上对有关标准规范进行修订。

档案信息化标准规范的修订要倾听行业内有关领导、专家、业务骨干、计算机专业人员的意见，充分参考图书、情报、电子商务、电子政务等相关标准，以便使标准规范做到向上、向下和横向兼容，确保其开放性、先进性和适用性。

（三）信息安全保障体系

档案信息安全保障体系由档案信息安全法律法规体系、安全管理体系和安全技术体系三部分组成。下面主要讲述前两个体系。

1. 安全法律法规体系

信息安全首先需要建立档案信息安全法律法规体系，做到有法可依。该法律法规分布于档案专业的内部和外部。内部有涉及安全问题的档案法律法规，外部有涵盖档案管理的信息安全法律法规。

（1）涉及安全问题的档案法律法规

《档案法》是我国档案法律法规的基石。近年来，在《档案法》及其实施办法的基础上，我国档案界陆续制定出一些关于或涉及档案信息安全的规章、标准和规范性文件。例如：国家档案局2002年印发的《全国档案信息化建设实施纲要》中有针对档案信息安全的具体规定；2013年组织制定了《档案信息系统安全等级保护定级工作指南》以落实国家信息安全等级保护制度。很多地方和单位也颁发了档案信息安全保管方面的规章制度，例如：上海市档案局颁发的《上海市档案条例》《上海市档案信息化实施意见》中均有关于确保档案安全的条款；针对档案信息化安全体系建设，江苏省档案局印发了《江苏省档案信息化建设保密管理办法》、黑龙江省档案局印发了《黑龙江省档案信息化建设保密管理办法》等。

（2）涵盖档案管理的信息安全法律法规

我国档案信息化建设尚处发展初期，专门针对档案信息安全制定的法律法规较少，档案信息安全法律法规体系的主要内容仍由涵盖或涉及档案信息安全的信息安全法律法规构成。这些综合性的信息安全法律法规为档案信息安全提供了基本的法律规范，也应列入档案信息安全法律法规知晓和执行的范畴，同时，对制定和完善档案信息化的专门法律法规具有依据和参考价值。

我国自20世纪90年代初开始重视信息安全的法律法规建设。1997年3月修订的新刑法中加入了信息安全方面的内容。《中华人民共和国刑法》（以下简称《刑法》）第二百八十五条规定："违反国家规定，侵入国家事务、国防建设、尖端科学技术领域的计算机信息系统的，处三年以下有期徒刑或者拘役。"第二百八十六条规定："违反国家规定，对计算机信息系统功能进行删除、修改、增加、干扰，造成计算机信息系统不能正常进行，后果严重的，处五年以下有期徒刑或者拘役；后果特别严重的，处五年以上有期徒刑。违反国家规定，对计算机信息系统中存储、处理或者传输的数据和应用程序进行删除、修改、增加的操作，后果严重的依照前款的规定处罚。故意制作、传播计算机病毒等破坏性程序，影响计算机系统正常运行，后果严重的，依照第一款的规定处罚。"第二百八十七条规定："利用计算机实施金融诈骗、盗窃、贪污、挪用公款、窃取国家秘密或者其他犯罪的，依照本法有关规定定罪处罚。"① 这些条文从惩戒计算机犯罪的角度来保障网络系统的安全。作为国家最重要的法律之一，《刑法》对计算机犯罪具有相当的威慑力。

在行政法规与规章方面，国务院、各级地方政府陆续制定了一系列信息安全规范。归纳起来，国家和地方各级政府制定的有关信息安全的法规制度，主要是从机房建设的安全保护规范、通信设备进网认证制度、国际接口专线制度、国际联网经营许可证制度和接入登记制度、联网备案制度、安全等级制度、安全产品

① 中华人民共和国刑法[M]．北京：中国民主法制出版社，1997．

销售许可证制度、保护信息安全规章、网络利用限制和安全责任制、计算机病毒防治制度、安全报告制度、安全违规犯法惩治制度等方面对信息安全进行规范。

国内许多行业还根据自身的实际情况制定了本行业的信息安全保护规章。

在上述安全法规的基础上，档案界加强了对档案信息安全的行政执法，认真查处档案信息安全隐患和档案违法案件。随着信息技术的不断发展，档案工作者应不断进行档案信息化安全管理的研究及跟踪最新的安全技术，对档案信息化安全管理工作的效果进行及时的分析和评估，不断完善安全防范体系。在保障档案信息安全的过程中，逐渐健全档案信息安全管理制度，提高管理人员的安全意识及管理水平，充分发挥档案工作人员、技术人员，以及用户的积极作用，为推动我国档案信息化安全保障工作贡献力量。

2. 安全管理体系

档案信息安全是基于技术的管理工程。从管理层面上讲，要确保档案信息的安全，必须在风险分析的基础上确立档案信息安全的策略、方针和目标，成立相应的管理机构，确立合理的管理机制，制订安全管理计划，分解安全管理职责，执行安全管理制度和管理标准，建立并实施完善的档案信息安全体系。因此，风险识别与风险评估是档案信息安全管理的基础，风险控制则是档案安全管理的最终目的。新的风险在不断出现，档案信息系统的安全需求也会随之不断变化，因此安全管理应是动态的、不断改进的、持续发展的过程。我们可以建立档案信息安全管理模式，该模式可选择 PDCA 模式，即计划（Plan）、执行（Do）、检查（Check）和行动（Action）的持续改进模式。采用 PDCA 管理模式，每一次的安全管理活动循环都是在已有的安全管理策略指导下进行的，每次循环都会通过检查环节发现新的问题并采取行动予以改进，从而形成安全管理策略和活动的螺旋式提升。

信息安全管理 PDCA 持续改进模式把 PDCA 管理模式与安全要求、风险分析有机地结合在一起，考虑了信息安全中的非技术因素，同时加强了信息安全管理，具有广泛的适用性。

二、信息化档案馆体系建设

（一）数字档案馆

数字档案馆的运行维护由档案馆内部设定的技术部门来开展，或者由数字档案馆的专业维护团队开展。

1. 数字档案馆的主要特征

数字档案馆运用数字网络化方式对文件生命周期内所有的实践过程进行有序管理，包括文件的收集、创建、确认、转换、存档、管理与发布等所有环节，同时在一定范围内可组合运用不同的载体形式对档案信息进行存储，实现网络资源的共享，进而体现档案电子信息服务的现代化与自动化。数字档案馆的特征主要表现在以下五个方面。

①档案信息数字化。数字档案馆内存储的档案信息是运用计算机手段处理过的数字化信息，这些信息能被计算机识别，并通过多种形式向利用者提供信息服务。

②网络作为信息的传输通道，数字档案馆的存在是离不开网络的。可以说，借助于网络，数字档案馆的传输环境才得以现代化。

③以用户的信息需求为服务中心。当用户有档案信息需求时，借助计算机网络系统，在特定的权限范围内即可远程联机浏览、利用信息数据库。用户只需在家里或办公室的终端前即可获取所需信息，不必亲自到档案馆进行查阅。如果用户在使用过程中遇到问题，只需在线联系档案工作者即可获得帮助。

④多种高新技术组合运用。数字档案馆作为多种系统的集合体，涵盖了数字信息保存系统、集成系统与内容管理系统等多种高新技术系统，其管理对象主要为非结构化数据。在运行过程中，数字档案馆除了发挥数据中心与发布利用的作用，还具备极强的有序处理与集成管理功能。

⑤馆藏容量庞大。在现代化网络技术与数字化技术的支持下，数字档案馆的馆藏容量得以扩大，不仅能将大量的馆藏信息存储于光盘内，还能将不同类型的档案信息设置在相关体系内，以此实现馆藏资源的共享。

2. 数字档案馆的重要基础

计算机多媒体技术是数字档案馆的重要基础。在信息时代背景下，数字档案馆作为计算机多媒体技术发展的产物，立足于时代发展需求，实现了传统档案馆的质变。

数字档案馆的建立主要借助信息时代背景下的计算机多媒体技术，它向社会展示了未来档案馆的发展前景，同时还使档案馆数字信息的收集、利用、共享与管理等工作领域得以有效拓展，为用户提供了更加便捷、高效的档案信息服务。

在具体实践与运行中，数字档案馆充分利用了计算机、数据库、多媒体、数字影像、扫描、存储等先进的技术，将存储于不同载体的档案信息转化为数字化信息，并以数字化形式进行传播、存储与利用，通过运用计算机系统，形成了规范有序的档案信息库，为信息资源共享的实现奠定了良好的基础。

3. 数字档案馆带来的变化

（1）档案载体的变化

在信息时代，办公自动化与无纸化发展趋势日益显著，大量电子文件产生。电子文件逐渐取代了传统的纸质文件，并成为档案信息的主体。在未来的发展阶段，档案馆的主要管理对象将变成电子文件，同时数字化信息也成为档案馆收集、整理、保存与利用的主要档案信息。这类信息的主要载体是计算机可读写介质，通过计算机手段进行处理，并借助网络技术进行传输。

（2）管理形式的变化

在信息时代背景下，计算机通信技术与多媒体技术飞速发展，数字档案馆应运而生。可以说，数字档案馆的运行与使用离不开网络系统的支持。现如今，办公自动化程度逐渐加深，档案的计算机管理方式也由原来的单机管理转变为现在的综合系统管理，档案管理系统隶属于办公自动化系统，并在办公自动化系统的影响下逐渐发展成熟。

（3）文档管理方式的变化

数字档案馆的建立实现了文档一体化管理，利用网络系统不仅能实现对电子文档的接收与管理，还能为用户提供更加便捷的服务。在文档一体化管理模式下，用户档案的录入、归档、整理、检索与打印等工作能一次性解决，不仅有效提升了工作效率，而且减轻了档案管理工作者的工作压力，降低了其劳动强度。

（4）服务方式的变化

数字档案馆的建立使人们的档案借阅方式发生显著变化，用户在家里或办公室就能获得馆藏资源，这为用户提供了极大的借阅便利。另外，通过对数字档案馆的开发与建设，档案工作者不再仅仅负责重复、简单的查阅、调卷工作，而是将更多的精力与时间放在对档案信息数据的整合与管理上，使更多有利用价值的档案信息被充分挖掘出来，在为用户提供丰富的档案资源的同时，促进了数字档案馆的良性发展。

（5）保管方式的变化

在数字档案馆的管理工作中，馆藏资源及档案载体的特殊性决定了档案保管方式的复杂性。在档案管理中，需要对电子档案信息进行定期保存与维护，在保证档案信息可读性与可用性的同时，确保档案信息安全。随着数字档案保管方式的改变，应加强对档案载体的安全保护，避免因突发状况导致信息丢失或泄露，应对档案信息进行定期检测与转存，维护数字档案的物理环境。同时，应注重对电子档案形成所需的相关信息及软硬件设备的维护，在保证档案信息可读性的同时，正确处理资源共享与保密工作之间的矛盾。

（二）智慧档案馆

1. 智慧档案馆的概念

在智慧城市、智慧校园等智慧生态快速发展的环境下，档案馆正在从当前重视馆藏档案资源数字化管理，向档案馆全面信息化管理的智慧模式转变，智慧档案馆已逐渐代替传统的数字档案馆，成为档案界最前端的理念。数字档案馆将传统纸质档案进行数字化处理并保存，通过计算机、网络向用户提供查询和利用服务，是一次档案信息脱离载体的解放；智慧档案馆作为档案馆发展的新形态，通过云计算、大数据、物联网等新技术实现对档案信息及其载体的智慧管理，以及对档案利用者的智慧服务，从而构建档案馆管理与运行的新形态、新模式。这种转变不仅出自档案管理理论和实践本身的发展需求，更有来自社会变革、服务演进的深层次需求。

2. 智慧档案馆建设的具体内容

（1）库存档案数字化

目前来讲，纸质档案数字化工作的实施，能够在对档案馆实际运行情况进行充分分析的基础上，科学制订具体的工作计划，对档案扫描范围进一步明确，对于利用价值高、利用面广、使用频率高且需要加强保护的纸质档案进行优先保存与利用，强化档案数字化建设实效，促进资源共享的进一步实现，并为社会、学校各项工作提供有价值的信息资源。从以上分析来看，档案数字化建设具有非常重要的现实价值。但在实际操作过程中，仍然存在着诸多问题，影响档案数字化建设，如数字化档案的科学鉴定、数据库的建立及数字化文件的存储格式等，这些问题并非短时间内就能完全解决的，需要档案工作人员的精心策划与科学组织，以保证档案数字化建设工作按照预期计划进行。库存档案数字化的具体实践如下。

①科学选择库存档案，明确界定数字化加工范围。

首先，优先保护价值高、年代久远、保护急迫性强的档案。对于年代久远、珍藏价值高或出现破损、字迹模糊的珍贵档案，进行优先扫描，将其输入档案管理系统，通过数字化的实施，减少此类档案的利用频率，有效解决珍贵档案保管与反复利用之间的矛盾，进而实现对珍贵纸质档案最大限度的保护。例如，南京师范大学档案馆在档案管理工作中，因金陵女子大学档案的年代较为久远，且已出现档案破损、字迹退化的现象，优先对其实行全文数字化，在满足其信息利用价值的同时，使这批珍贵档案得到有效保护。

其次，尽量选择利用率高的档案。以日常借阅登记与利用情况为依据，明确利用率高的档案，并将其列入数字化范畴。例如，对高校录取新生名册档案来说，学生的基本面貌、教育经历、高考成绩、考生类别、所选院校与专业等各种重要信息均包含在新生名册档案里。学生进入社会后，高校录取新生名册档案成为证明学生资历情况的“名片”，在教学评估、学生求职等方面发挥着重要的参考作用，这也在很大程度上提高了这类档案的利用率。对于此类档案，应将其列入数字化的考量范畴。

最后，坚持适宜性原则。在档案数字化建设中，并非所有档案均适于数字化。许多档案受技术因素的影响，难以达到理想的数字化转换效果，或者部分档案信息容量过于庞大，再加上转换速度慢，利用起来存在诸多不便，这类档案就不需要强行实施数字化，待数字化技术更新至能轻易解决以上问题时，再实施数字化转换。除此之外，在传统纸质档案管理中，许多档案已经装订成册，如果强行拆开就会损毁档案，不拆开就达不到良好的扫描质量要求；还有许多年代久远的珍贵档案，在常年储存过程中，或发生霉变，或被虫蛀，或纸张脆弱不堪反复翻阅，在扫描过程中容易导致其损坏。对于以上种类的档案，可利用数码相机进行拍摄，不仅能获得良好的图像采集效果，还在很大程度上保护了珍贵档案，提升了工作效率。

②明确制订档案数字化扫描计划。在档案数字化建设中，必须首先明确档案扫描工作计划，科学分工，强化部门合作，保证扫描工作的顺利实施。例如，许多档案馆在数字化进程中，一般采取扫描外包的工作方式，将扫描工作交由专门的数字化加工企业，并通过签署协议的方式明确扫描质量要求。但是，因档案信息资料的保密性与重要性，在实施扫描工作前，需要派专人负责档案的出入库登记工作，同时确定扫描加工地点，避免纸质档案在扫描过程中出现信息丢失、泄露或档案损毁的问题。从以上分析可知，要想在数字化扫描加工过程中保证信息安全，就必须先对各种影响因素进行充分考虑，并制订详细的扫描计划，对可能出现的问题预先做出解决方案，以保证数字化加工过程的顺利进行。

③合理创建档案目录数据库，保证信息质量。在档案数字化建设过程中，目录数据库的创建是重中之重。目录数据库通过构建档案主题、类别及代码，与相关的档案内容形成链接，保证信息查找的精确性，提升检索效率。可以说，档案目录数据库的创建是保证档案全文得以充分利用的重要基础，其不仅能将档案信

息全面反映出来，还能为用户提供完整、动态的档案信息服务。因此，在创建档案目录数据库时，应遵循档案著录的相关规则，将档案目录与扫描图像进行精确对接，保证目录与图像的相互对应，提升网络信息检索的精确性，为用户提供良好的检索体验与服务。

④保证数字化加工文件存储格式的正确性。现如今，科学技术迅速发展，其在为档案数字化建设带来发展契机的同时，也为电子档案的管理工作带来诸多难题。在档案数字化建设过程中，应选择一种适用性强的档案存储格式，使数字档案摆脱传统数据库的束缚，减少因软件或设备不断更新导致的不良影响，保证数字档案的长期保存。例如，当前许多数字方案是以 PDF 格式来存储的，这种格式的通用性非常强，不易篡改，不仅具有原版显示效果，而且传输速度非常快，能为用户带来良好的信息使用体验。

（2）增强档案的电子化

在档案数字化建设中，可制定电子文件管理联席会议制度，明确电子档案管理规则，强化电子档案数字化管理，并对电子档案归档工作进行严格管理，运用三级协同办公系统对电子档案进行管理与保存一体化工作，完善电子档案收集、归档与移交工作流程。另外，在档案数字化处理与电子档案的归档工作中，要加强数字化成品质量管理，保障档案信息安全，避免数字化处理手段对档案原件造成损坏。

（3）加强一体化系统管理

加强一体化系统管理，即将办公自动化（OA）系统与档案信息系统进行对接。目前阶段，大多数单位的 OA 系统与档案信息管理系统并未实现对接，而是相互独立运行与使用的，OA 系统运行中产生的数据是无法直接与档案信息系统相统一的，需要对其进行重新录入。通过对单位 OA 系统与档案信息系统的对接，实行一体化系统管理，从而有效降低劳动强度，避免重复工作，提升工作效率。

1）实行一体化系统管理的建设目标

①实现数据交换与存储一体化。将单位 OA 系统在运行中产生的数据信息按照特定格式存入档案信息数据库，实现实时归档、定时归档。在这一操作下，可使电子档案标题、文号、发文单位及日期等信息自动归档，与档案信息系统数据库中的相关字段进行自动对接，同时可使包括图像在内的电子档案全文存储于服务器的特定文件夹内。

所谓实时归档，即发文在文件发布时归档、收文在文件办结时归档。所谓定时归档，即系统在运行中产生的新数据信息在预先设定好的时间自动归档。

②提高数据信息的利用率。对单位 OA 系统内的已有数据进行重新组合，按照预先制定的规则形成新的数据信息，以此降低劳动重复率、提高数据利用率，在提升档案管理质量的同时，充分发挥档案数字化建设效益，促进档案工作的科学发展与稳定运行。

③维护系统稳定，保障信息安全。在数据信息的传输中，要充分保障 OA 系统与档案信息系统的运行稳定性与信息安全性。保障信息安全性主要指保障两套系统中的原有信息及传输信息的安全性，在保证信息传输对数据库的正常运行不产生影响的前提下，确保电子档案信息的真实性，以确保档案凭证功能的发挥。

2）实行一体化系统管理的建设方案

当前阶段，加强 OA 系统与档案信息管理系统的一体化系统管理与建设，主要通过以下两种途径。

一是联机传输归档。改变 OA 系统与档案信息管理系统相互独立的现状，加强对两套系统的整合利用，在网络技术的支持下将电子数据信息直接录入档案信息管理系统，实现两者的无缝对接。要想实现这一归档效果，需要采用通用数据接口，以此为介质实现数据信息的跨平台传输。联机传输归档工作原理如图 2-3-1 所示。

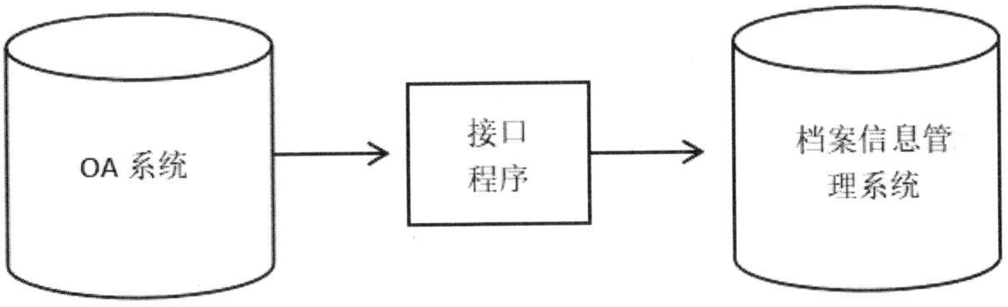

图 2-3-1　联机传输归档工作原理

将接口程序整合在 OA 系统上，向用户展现的是“归档”按钮。用户点击此按钮后，就能与档案信息管理系统数据库进行连接，并通过接口程序将公文数据信息传入数据库。同时，“归档”按钮仅出现在“已办结文件”的显示界面中，且只有拥有数据导出权限的用户才能操作此按钮。就公文的导出方式而言，可依据需求选择单条导出或批量导出。其中，批量导出可一次性导出上百条信息，可选择定时导出或实时导出，批量导出能节省大量的时间。在选择定时导出方式时，一般选择当天产生的新数据在夜间定时传输；而实时导出则是 OA 系统出现新数据后能自动连接至接口程序，实现数据向档案信息管理系统的实时传输。总之，不管是选择定时导出还是实时导出，都体现了数据传输的自动化。

二是数据库中心传输归档。受多种因素的影响，各个组织、单位在档案信息系统的建设过程中，因数据源及信息系统的差异，导致数据信息类型及信息访问途径存在较大差别。这些差别的存在使得各组织、单位等的信息系统与数据源之间无法实现信息共享与数据传输，进而形成“信息孤岛”现象。就目前阶段而言，各个组织和单位等应以自身运行情况为依据选择处理方案。如果原有系统正常运行，则可选择系统整合方案，将原有数据信息纳入数字化信息系统。如果原有系统较为落后需要新建系统，那么对于新建系统，需要统一标准，以保证其正常运行。总而言之，不管是整合系统还是重建系统，数据库中心的建立是实现信息共享与数据传输的根本途径，同时也是核心工作。通过数据库中心的建立，档案信息管理系统要想获取 OA 系统中的数据信息，无须再进行联机或脱机，直接从共享数据中心即可获得。

3. 数字档案管理网站的规范化建设

（1）建设档案管理网站的必要性

档案管理网站的建设应首先明确目标定位，以馆藏档案资源的具体情况为依据，明确检索出具有自身发展特色且有社会影响力的信息、内部发展所需信息、社会公众期望获得且可公开的信息。应通过逐项整理与盘点，将其分门别类地发布至档案管理网站，为社会与组织的发展提供信息服务。要加强档案管理网站的规范化建设，应首先明确档案管理网站建设的必要性，具体分析如下。

①满足组织内部管理需求。档案管理工作的主要职能为管理职能与服务职能，其中，管理职能包括档案工作的法规制度宣传、业务规范指导、档案源头信息整理等；服务职能包括向社会公众及档案馆以外的机构提供信息检索与访问服务，满足其信息需求。在相关的档案管理实践中，可借助档案管理网站将业务规范及操作要求传达给相关人员，在提升工作实效的同时降低人员工作强度。同时，档案馆应定期将其所掌握的机构内部管理规范信息向公众传达，为相关部门的信息使用与查找工作提供便利，提升工作透明度，充分体现管理的公正性与公开性。

②满足公众权益保护需求。现如今，我国信息资源建设受到了社会公众的广泛关注。而作为信息资源建设的重中之重，档案管理工作也顺应社会的发展趋势，不再局限于服务于组织内部建设，逐渐承担起向社会公众传递信息的责任，顺应了信息化社会的发展形势。当前，很多组织与单位均建立了现代管理体制，为满足自身的信息化建设需求，必须建立档案管理网站为信息化社会提供更多有价值的档案信息。

③满足文化传播需求。档案资源中包含大量有价值的史料，通过档案工作人员的整理将其发布在档案管理网站上，供内部人员与社会公众进行查阅与传播，在传承优秀文化的同时促进社会文明进步。这些信息资料是现代社会的财富，能在一定程度上对社会公众起到鼓舞作用，形成积极向上的社会氛围。

（2）档案管理网站的建设思路

要想提升档案管理网站的建设实效，扩大信息覆盖面，提升信息查询利用率，改善社会公众的信息服务体验，需要从以下五个方面着手。

①将首页资源设置为信息目录导航模式。对于网站建设，首页作为门面担当，是改善用户体验的重要因素。因此，在建设档案管理网站时，需要加强首页管理，明确导航目录，使用户能迅速获取想要的信息。在首页元素的选择上，应充分体现组织风貌，适当选用一定的个性化元素，增加标志性较强的特色标志或建筑。

②建立网站后台信息发布平台。一般而言，档案管理网站包含多种类型的信息栏目，如静态栏目(政策法规、机构设置、业务指南、信息查询及下载专区等)、动态栏目(公告通知、工作快报、活动动态等)与专业栏目(学术交流、科研项目进展、学科建设讲堂及优秀论文发布)等。通过建立网站后台信息发布平台，利用动态网页技术保证前台信息展示与后台数据库管理功能的充分发挥，对目录信息进行规范管理，为用户提供更加便利的信息服务。通过后台目录数据库的建立，对档案信息进行编辑并将其上传至网站，而前台则在固定栏目及版面中将后台发布的各类信息进行动态显示。因前台版面结构是相对固定的，故根据数据库信息更新情况来更换信息内容不仅能提升信息发布效率，还能保证信息的规范性。

③综合运用多媒体展示方式。在档案管理网站的管理与维护中，可适当增加图片、视频等多媒体展示方式使网站更具特色，信息更加生动形象，使用户能更加直观地获取信息，提升用户的使用满意度。对图片形式的运用，可通过虚拟展厅、网上展览的方式传播馆藏资源，使用户对发展历史、人物活动等内容产生直观感悟，达到文字所无法达到的传播效果。对视频形式的运用，则可以对历史原貌进行完整还原，使网站信息更加丰富，并为档案的编研与史料考证工作提供充分的资料。

④增加馆藏目录配套发布端口。现如今，档案信息传播正向着数字化方向发展，使传统档案管理模式下用户被动接受档案信息的情况发生巨大改变。在档案管理网站中设置档案目录信息发布功能，提升了信息的利用率，提高了档案服务质量，同时还确保了档案信息的安全性。就馆藏资源而言，其信息种类庞杂，将

信息录入数据库的工作强度非常大。因此，在档案管理网站增加馆藏目录配套发布端口，能实现档案信息在网站上的同步更新，既降低了档案信息录入工作强度，又为用户提供了一站式信息服务。

⑤增设人机交互平台。要想促进档案馆服务职能的充分发挥，需要了解被服务对象的信息服务需求，以提供更具针对性的信息服务。在档案管理网站增设人机交互平台，既能冲破时间、地域的束缚，实现与用户的实时交流，拓展互动空间，获得档案史料的征集建议，又能充分体现网站的服务特色。但是，人机交互平台作为档案管理网站的子系统，具有一定的独立性，其建设对专业技术要求非常高，不仅需要实现用户的统一认证功能，确保资料上传与下载效果，还需要具备坚实的安全保障。这对网站技术人员的专业水平提出了更高的要求。

（3）档案管理网站的建设和维护模式

根据档案馆目前的工作实际与运作现状，研究选择、采用合适的研发和维护模式对档案管理网站的建设起到相当关键的作用。

①档案管理网站的建设与设计需要多方力量的支持。在档案管理网站的建设过程中，涉及不同领域、不同方向的工作，包括整体框架设计、模块信息采集、系统软件编制、硬件系统配置与维护、网站安全保障等。具体而言，需要文字信息编辑与撰写，网站前台的平面设计、动画与视频制作，网站后台的程序开发与数据库应用，等等。随着互联网技术的不断改进，网站设计功能也在不断更新，需要涉及管理学、档案学与计算机信息科学等多个领域，这更离不开各方技术人才的支持与配合。

②档案管理网站的建设离不开经费支持。在档案管理网站的运行中，多人同时在线是非常常见的状态，这就对网站的稳定度与浏览速度提出了一定的要求。而要想维护网站的稳定运行，就需要不断改进硬件配置，更新软件系统，以此改善网站运行环境、改进硬件性能、维护系统稳定。在档案管理网站的建设中，在对硬件设备及软件系统进行更新时，需要耗费大量的物力与财力，这就有赖于组织机构的经费支持。

③档案管理网站运营模式的科学选择。在档案管理网站的建设中，可采用以下运营模式：在网站建设初期，注重对网站软件系统与硬件设备的投入，科学规划网站建设目标，明确功能需求，并积极引进专业技术人才，加强人才技术支持，保证网站的专业性，维护网站的安全运行，争取在很大程度上缩短网站建设周期；在网站建设工作完成后，由档案管理人员负责网站的信息发布与运营维护等工作，提升网站运行的稳定性与便捷性。需要注意的是，在网站的日常管理与维护工作

中，除了需要规范科学的管理制度，更离不开技术与资金的双向支持，在维护网站安全运行的同时，确保网站内容的新颖度与规范性。

4．智慧档案馆的数字化信息利用

（1）数字化信息利用的特点

就智慧档案馆而言，其显著特征就是对网络化与数字化手段的应用，这就使得其信息服务方式相较于传统档案馆发生显著变化。在信息化时代背景下，智慧档案馆的信息利用与服务主要呈现出以下显著特点。

坚持以满足用户需求为工作中心。智慧档案馆的运行为用户创建了良好的档案资源环境，其以用户为中心，将满足用户的需求、为用户提供便利作为智慧档案馆工作的出发点。用户在使用过程中不再处于被动状态，而是通过智慧档案馆充分了解资源环境，与档案信息资源进行自主互动，能够主动、快速、准确地获取所需信息，并获得良好的信息服务体验。

信息资源更加丰富，载体类型不断更新。在传统档案馆中，信息资源是非常有限的，而且大多以纸质载体呈现档案信息。而信息时代背景下的智慧档案馆的信息资源更加丰富，信息载体类型多种多样，如光盘、磁盘、远程网络提供，以及缩微品等。这类信息载体不仅容量大，而且使用便捷，只需用户通过简单处理就可以使用，大大提升了信息资源的传播速度与使用效率。

智能化信息服务模式不断规范。在信息化时代背景下，通过计算机对档案信息实施智能检索与管理，并以文件类型为依据建立文件与文件之间的链接，在不同信息节点之间建立起网络结构，能够实现在从不同角度展示信息资源时的规范有序。用户在检索信息时，只需输入一个检索要求，所有相关信息文件就能一次性呈现出来，查全率显著提升。同时，在先进的技术支持下，能够满足用户不断细化的信息需求，对信息形态进行转换，进而对档案资源进行充分利用。

信息服务冲破时间与空间的局限。在传统档案馆的使用中，用户要想获得想要的档案信息，需要亲自到档案馆进行查询，有时一个档案馆无法满足用户的信息需求，用户还需去多个档案馆查询信息，甚至为了获得某一信息需要到外地查找档案。在信息时代下，上述现象将不再出现。智慧档案馆的利用，冲破了时间与空间的局限，用户可以利用计算机或其他上网工具在任何时间与地点获取所需信息。这大大提高了信息获取效率，为用户带来了极大的便利。

馆藏资源容量无限扩大。信息时代的智慧档案馆的显著特征就是开放与共享，其在保持馆藏实体档案功能的同时，利用网络实现信息资源共享，构建容量无限大的虚拟信息资源。对于每一个智慧档案馆，其作为档案信息资源网络的重要节点，资源容量是可以无限扩大的，特别是在当前的信息时代背景下，两个档案馆的资源共享与互借所产生的效果必然是“1 + 1 > 2”的，而将多个智慧档案馆进行互联，所产生的信息量更是无限的，其服务功能也是更加强大的。

（2）智慧档案馆的信息服务方式

网上主页服务，即智慧档案馆借助网络技术，将信息产品展示在主页上，为用户提供方便、快捷的信息服务。在主页界面设计上，要遵循简洁、明了的原则，将档案馆基本概况、馆藏信息目录、网上资源、光盘资料及主要服务项目等基本信息展示在主页界面上，同时要向用户提供资源使用及网络导航服务，将国内外网络档案馆、热门站点等与网页之间建立起链接，完善学科导航，进而为用户获取信息资源提供极大的便利。

信息检索服务通过数字档案信息检索系统的建立，提升信息检索服务工作的自动化程度，使信息检索网络更加系统、科学，对数字档案信息内容进行全面揭示，使用户能够在大量信息资源中快速获取所需信息，进而为其提供高质量、全方位的信息检索与查询服务。

5. 档案馆的智能化管理

①自动扫描取卷，传送带传输案卷，档案管理人员不必进入库房。

②自动调节温湿度，恒温恒湿系统的安装使管理人员不必开关空调和抽湿。

③自动杀菌消毒。

④自动感应灭火装置、防盗装置等。

第三章　档案信息数据库的构建

本章主要对档案信息数据库的构建展开介绍，主要从以下四个方面进行阐述，分别是构建档案信息数据库的理论依据、档案信息数据库的架构与功能、档案信息数据库的设计、档案信息数据库的核心业务流程。

第一节　构建档案信息数据库的理论依据

一、信息管理理论

信息管理是为实现组织的目标、满足组织的需求、解决组织的环境问题，而对信息资源进行开发、规划、控制、集成、利用的一种管理。在这个基本点上学术界已达成了共识。

信息管理经历了文献管理、计算机管理、信息资源管理、竞争性情报管理，进而演进到知识管理。从管理对象上看，信息管理的对象是显性知识。显性知识是一种易于表达、识别、编码、传递的知识，管理显性知识正是档案管理的重点。档案管理的对象主要是原始的数据、信息和知识，所以，档案是显性知识的主要载体，可以为实施知识管理提供丰富的信息资源基础。从这个角度来看，档案管理的基本职能就是信息管理。显性知识的管理是档案管理的基础性工作，直接影响着知识库的建立及知识的共享、交流和创新，其重要性不容忽视。因此，档案管理的第一步必须做好信息管理工作，把原来存在的数据整合起来，以达到能够适时、不受地域和组织形式限制获得知识的目标。从目标和功能上看，信息管理的基本目标是用一定的技术手段和编码形式客观地记录与描述人们对客观事物的认识，实现信息的合理配置，以便在需要时发挥作用，满足人类对信息的需求，侧重于对现有信息的收集、整理，把数据信息化，即先有数据，后有信息。从实施过程和条件上看，信息管理是沿着“集成信息技术—信息高速公路—因特网”

的轨迹发展的，它不可避免地带有浓厚的技术色彩，因而信息管理主要是一种技术手段，它以管理理论和信息技术为支撑。从业务上看，信息管理主要是信息的组织、控制与利用的过程，根据规范和指令对信息加以处理。相对来说，信息管理的收集、加工、检索和传播等组织与控制技术已较为成熟，但其利用环节尚未充分开发与实施。

二、知识管理理论

（一）知识管理与信息管理

如果说信息管理使数据转化为信息，并使信息为组织设定的目标服务，那么知识管理则使信息转化为知识，并用知识来提高特定组织的应变能力和创新能力。知识管理是信息管理发展的新阶段，它同信息管理以往各阶段不一样，要求把信息与信息、信息与活动、信息与人整合起来，在人际交流的互动过程中，通过信息与知识的共享，运用群体的智慧进行创新，以赢得竞争优势。信息管理目前主要是对信息流的控制，知识管理则是对知识应用的管理。对信息管理而言，似乎技术能解决所有问题，而知识管理更考虑了人力资源和过程的主动性。从管理对象来看，知识管理远远大于信息管理。知识管理的对象不只是显性知识，还包括隐性知识和人力资源等，其更注重对隐性知识和人员的管理。从目标与功能上看，知识管理的最终目标是知识创新，不是吸收和占有多少知识，而是促进组织机构运用已有知识进行创新并创造新知识，解决经营决策问题，其更侧重于对新知识的生产、创造，具有较强的方向性和效用性。把信息转化为知识创新，也是所有知识管理者追求的直接目标。管理创新是实现知识转换和社会财富转化的过程。从实施过程和条件上看，知识管理要复杂得多，涉及价值观等问题，因而不仅需要管理理论、信息技术为支撑，还需要价值理论、产权理论、交流理论、学习理论等来共同构建。从业务上看，知识管理业务涉及发现知识、交流知识与信息、应用知识与创新，其中包括信息管理过程、激励过程、权利维护过程等。可见，知识管理不是信息管理的简单延伸和发展，而是对信息管理的一种变革和超越。

（二）知识管理与档案管理

知识管理的重点是对组织中的战略性资源——知识的管理，而一个共同、永久保存组织自身知识的形式便是文档。用 IBM 公司的企业知识管理软件产品白皮书中的话来说，就是“文档是知识的容器，是已经物化的显性知识，其中蕴含了大量本企业的知识财产。适时地、不受地域和组织形式限制地获得基于文档内容的知识，正是知识管理的一个主要目标”。因此，一方面，文档管理构成知识管理的一个模块；另一方面，文档管理技术是处理显性知识的关键技术，是知识管理的重要基础。在知识收集过程中，文档管理是基础。这里所说的文档包括国际标准准则、法律法规、合作协议、历史归档文件、通报、应急预案等多种类型。

知识管理与档案管理都是对人类认识过程中所产生的各类知识信息的创造、获取、加工、存储、传递和利用的过程。这就是对信息资源的深层次加工过程，要了解信息资源管理的主要内容，不仅要从外在的物质形态特征加以掌握和了解，更要从内在的内容特征加以掌握和了解。此外，知识管理与档案管理这两种加工过程都与现代信息技术紧密结合在一起。知识的组织和管理技术体系是一个多层次、多模块的复杂信息技术流程，在技术操作上已经开发出许多智能技术和软件技术，如数据仓库、群件技术、推送技术、多维度分析技术、知识挖掘技术、知识发现技术、数据融合技术、文档处理技术等，广泛应用这些技术进行知识的组织和积累，可以大大提高知识组织和管理的效率。在档案信息管理中，对电子文件实施全过程的监控和管理，需要一定的信息技术和计算机技术。

知识管理和档案管理就其功能本质而言，都是通过提供有价值的信息为组织服务，为社会服务。档案管理工作是通过对档案信息的有序化，为利用者提供所需要的相关信息、知识以解决问题、支持决策，从而使组织的价值实现最大化的管理活动。知识管理的目的则是通过对知识的识别、获取、开发等基础活动实现对知识的更新和有效利用，从而提高个人或组织创造价值的能力。因此，两者在终极目标的实现过程中表现出了同向性。

三、共享协同理论

（一）信息是基础

对信息共享、业务协同来说，全面的、系统的、高质量的、可共享的信息是基础。为什么说信息是基础？因为信息共享解决的就是信息是什么、从哪里来、到哪里去等问题。没有这个基础是什么都办不了的。

首先，信息是全面的。信息往往涉及多个部门、多个层级，因此管理者要通过重点应用带动、加强基础信息工作，进而提高信息的完整性。

其次，信息全面还不够，还要是高质量的，要保证信息是动态更新并准确的。如果不是及时更新的、准确的信息，那么信息就没法用。

最后，还有一个约定条件是可共享的，就是我们要有目录体系和交换体系。否则，即使有了信息，也不能界定谁能用、谁不能用，所以还要通过目录体系和交换体系来解决可共享的问题。

（二）平台是依托

信息怎样得到？为什么传统方式不能做到，只能借助网络平台？因为共享的信息数量很大，交换的数据量已经过亿，如果还是手工方式，那么效率是不能容忍的。

在数字化、网络化环境下，信息共享、业务协同必须有技术平台。该平台不仅仅是网络，在网络上，相关部门的关系不管是横向的还是纵向的，都能按照业务需求，像在同一个部门一样，获取相关信息来办理相关的业务。因此，目录体系和交换体系具有双重性质：一是内容性质，它反映了档案信息和共享信息的本身；二是技术性质，要通过软件来实现。实现的软件也变成了技术平台，这就是依托。

除了技术平台，还要有标准。实现信息共享、业务协同真正重要的标准是关于指标的标准，例如，一个人的逻辑库有两个基本条件：一是人的基本信息；二是全部与他相关的指标，这些指标不是罗列出来的，而是要指向一个系统，就必须要有指标和指针，否则共享就无从谈起。被指向的具体部门的库，也要解决两个问题：一是本部门的系统，相关信息必须完整；二是本部门产生的信息要和别的部门产生的类似信息比对。所以，对相同的指标要有动态核对机制，否则无法保证共享的信息是否准确，通过平台辅助更新、对比，这些用手工方式是无法做到的。随着技术和应用的发展，对平台会有更高更新的要求。

（三）应用是抓手

不管是前面的工作，还是准备要做的工作，工作的重点一定是具体应用。经济效益、社会效益和生态效益都是优先考虑因素，档案管理与信息统计工作也是如此。因此，这是管理者推动档案信息共享和业务协同的重点工作。

第二节　档案信息数据库的架构与功能

一、档案信息数据库的性能指标分析

在档案信息数据库的建设工作中，无论是数据库的架构设计还是性能指标设计，都必须考虑用户的需求。性能指标是档案信息数据库设计的总体要求。档案信息数据库的建设必须严格按照性能指标进行才能满足用户的需求。档案信息数据库的建设者与管理者有多个，他们协同进行这项工作，只有这样才能完成对异构信息和系统动态的集成，从而为用户提供方便快捷的信息服务。档案信息数据库的性能指标及其具体目标要求如表 3-2-1 所示。

表 3-2-1　档案信息数据库的性能指标及其具体目标要求

性能指标	具体目标要求
可靠性	能有效检查输入的数据，可以屏蔽用户操作错误；具有容错性，可以追溯故障，恢复失效；严格控制操作权限，无权限者难以侵入；系统稳定，系统运行记录与审计功能完备；具备数据异地备份及恢复能力
易用性	各种提示信息准确，术语规范；易理解性、易安装性和易学习性；用户界面友好、界面风格保持一致、软件操作方便
集成性	分布式异构数据标准化集成；功能模块间的数据共享和数据一致性；异构系统、软件之间的兼容；门户服务界面的集成
可维护性	系统、软件具有自我诊断与查错能力，方便管理员对错误进行修改；方便系统、软件升级维护
开放性	开放式体系结构、标准化接口、模块化设计；提供二次开发接口，可进行系统功能的扩充
服务性	多检索途径实现远程跨库检索服务，远程信息服务与业务协同交互
协同性	资源建设与系统管理多主体即时同步进行
共享性	异地资源被多用户同时存取

二、档案信息数据库的架构设计

（一）用户需求分析

档案信息数据库的建设必须满足用户的需求，因此用户需求分析是建设工作的开始。在这一阶段，设计人员要对用户的需求有清晰的、系统化的了解，如数据库中存储信息的种类、数据库的功能等。数据库设计人员首先要对档案部门的业务流程与管理工作有基础的了解，其次要了解档案信息数据库用户的使用要求，并以此为基础构建数据库的整体架构，最后与用户沟通，收集用户的使用反馈并进行修改，如此重复进行。这样才能让数据库真正与用户的需求契合。完成这一步之后，后续的设计与实施工作才能继续进行。设计人员获取用户需求的方法有很多，如座谈会、调查问卷等。通过这些不同形式，设计者可以对档案管理部门的业务流程进行深入的了解，精准把握用户的需求。

一般情况下，档案信息数据库的使用者可以分为两类。一类是档案管理工作者，其主要工作是管理档案信息资源，具体包括档案信息整理、标引、信息录入与存储、档案信息修改、档案调拨、为用户提供档案服务等工作。另一类是有档案查询需求的用户。面对用户，档案信息数据库的资源要全面、方便、翔实，就是指数据库中的资源要系统化、资料详尽，能够将目标事件的原因、过程和结果等完整地展示出来，在这方面，档案信息中除了相关的文件，还可以收录与事件相关的新闻和社会评价等信息。

（二）基于协同的整体架构设计

档案信息数据库的功能模块设计应该根据不同的用户需求和特点进行分类。具体来说，有三类用户需求：系统维护人员的需求，包括系统维护、软件尾号、数据维护、兼容性扩展等；档案管理人员的需求，他们的需求主要集中在档案信息资源建设方面，包括信息采集、标引、存储等；查档用户的需求，主要包括信息检索、获取及咨询，与档案管理者的交互与结果反馈等。此外，由于档案信息数据库涉及数据和系统的异构分布集成，其管理和维护工作需要不同的主体共同进行，因此数据库要满足多主体同时在线协同互操作的需求。从宏观角度分析，档案信息数据库的功能主要包括档案信息采集、档案信息标引、协同管理、档案信息服务和用户反馈五方面。

档案信息数据库的协同性业务流程与内容如表 3-2-2 所示。

设计者必须明确，资源数据库系统与服务平台之间有着非常紧密的关系，而两者之间的纽带就是档案信息数据库协同管理系统。因此，本书在之后对档案信息数据库建设和功能设计的分析讨论也是建立在其系统性和整体性的基础上的，用户需求则是系统功能设计的出发点和落脚点。

表 3-2-2　档案信息数据库的协同性业务流程与内容

流程模块	主要内容
信息采集	收集与本社会事件或专题内容相关的各种信息
信息标引	用统一的数据标准对采集到的信息进行标引，提供检索依据
信息存储	将符合规范的档案信息存入数据库，可选择分布式存储等方式
信息服务	主要为用户提供一站式检索，解决用户的信息需求，并提供交互服务窗口
资源数据库维护	在运行过程中根据需要对资源数据库进行调整与修改，保证其运行
协同管理	实现多个主体对同一数据库业务的共同管理

三、档案信息数据库的功能模块

（一）信息采集模块

档案信息数据库的建设离不开对信息资源的采集，这是其服务功能的核心保障。信息采集模块的主要任务是收集和整合与本专题相关的各种信息资源，为数据库的内容建设和后续工作提供支持。档案信息数据库中的资源通常来自四个渠道：一是纸质档案转化成的数字资源，二是从既有档案信息数据库引入的资源，三是从万维网（Web）上收集的资源，四是通过各种渠道征集的资源。

其中，最为主要的就是既有档案信息数据库，通常情况下，既有档案信息数据库拥有庞大的结构化数字档案资源，且包含丰富的专题内容。我们只需要通过技术手段将其依次导入新的档案信息数据库即可。因此这项信息收集工作十分便捷，且只需耗费很少的人力和物力。

纸质档案数字化是将尚未在原有档案信息数据库中存储的档案信息转换为电子形式的过程。之所以未录入原档案信息数据库，主要有两个原因：一是档案资料是新增加的，尚未录入数据库；二是档案所属单位没有实施数字化管理，因此档案信息只有纸质形式。对于这两种情况，档案管理者都需要先对档案信息进行数字化处理，通常采用的形式有两种：人工输入或扫描与拍照。区别在于，人工输入可以直接将档案化为本数据库存储的标准格式，而扫描与拍照得到的图像信息则需要进一步添加标签。

从 Web 中收集就是将网络上未曾收录的新信息进行收录，如互联网中原档案更新的数据内容，与数据库中某些专题相关的文件、动态、新闻事件和专家评论等信息，一些比较有价值的用户言论也可以收录进数据库。这类信息的来源也有很多，如其他不同类型的数据库、新闻网站、大型门户网站等。不过这类信息的甄别和获取十分耗时，用人工几乎是无法实现的，因此常用的做法是先通过“网络爬虫”程序来自动采集相关信息，然后通过档案信息数据库的自动化或半自动化程序进行收录和标引，并归档。

信息征集是一种在信息采集过程中经常采用的方法，它适用于信息资源不足或信息资源内容有缺陷的情况。按照征集内容，信息征集可以分成图书资料征集、档案征集和意见征集三类。按照资源形态，信息征集可以分为纸质档案征集和数字档案征集两种。除意见征集外，上述信息征集都属于对信息资源进行的补充，其主要形式有登门征集、通过信函征集、发文征集、通过电话联系征集、广告征集和网络征集六种。在信息征集过程中，征集者可以根据具体情况决定是否对信息提供者进行适当的奖励。网络征集是信息征集的最有效方式，它具有广泛的覆盖范围、高效的时效性、便捷的操作性等优点。对于征集到的信息，档案管理工作者要先进行人工审核，核实其合理性、真实性和可信度，再判断是否将其纳入档案信息数据库。对于符合条件的纸质档案，档案管理工作者可以将其转化为数字信息，存入档案信息数据库。

（二）信息标引模块

所谓信息标引，就是准确将信息描述出来，通过这项工作，档案管理者可以完成对数据的元数据著录工作。有了信息标引，信息资源才能被合理组织，让用户能够进行检索。通常情况下，专题档案的资源有不同的信息源，其内容可能来自图书馆、博物馆等不同机构，甚至可能来自万维网。这些信息分别以各自的规范形式存在着，其类型和格式各不相同，著录标准与工具也各异，在资源关联解释程度方面也有很大差距，因此对这些不同渠道的档案信息进行标准集成，以便于信息存储和提供信息服务是十分困难的。例如，图书情报领域和档案领域的著录标准与规范有一定的差别。我国早期的档案著录工作标准是《档案著录规则》，它与图书情报领域的著录方法极其相似，与我国档案管理工作其实并不能很好地契合，在实际工作中，档案管理者经常面临著录级别少、难以反映档案来源和文件之间的关联等情况。此外，随着网络技术的不断发展及信息的不断增多，信息集成和服务融合成了档案信息化发展的新趋势，原本的著录规则与技术已经无法满足新的档案信息化管理需求了，我们必须改革著录技术，使其能够收录不同类型的信息资源，兼容不同渠道信息资源的著录规则。

在这种背景下，编码档案著录（EAD）技术诞生了。编码档案著录的主要编码语言是可拓展置标语言（XML），在其制定工作中，档案工作者也贡献了自己的力量。编码档案著录对检索工具结构化元素及二者相互关系进行了标准化阐述，让档案工作者的检索工具编制工作更加便捷，更适合档案工作者的编码工作。编码档案著录建立了描述档案特征的语言标准规则，利用这套规则，很多信息不必再通过特定的系统或平台才能被检索和使用。编码档案著录是建立在标准通用置标语言之上的，它的检索功能十分强大，且对硬件和软件平台的依赖性很低，能够对不同种类和级别的标识符进行转化和著录，形成统一的著录格式。因此它能够很好地适应万维网信息形式多元化的特点，在不同类型的馆藏档案信息库建设中都能适用。编码档案著录的优势能让档案管理者更便捷地进行信息甄别、档案信息管理和利用等工作，方便不同检索工具之间的互换与互操作，因此在档案信息化建设与管理工作中的应用十分广泛，尤其对于不同领域数字档案馆的信息融合服务，更具有其他著录技术所不具备的优势。因此，在档案信息数据库的资源建设工作中，编码档案著录是最适合的信息标准方法。

在档案信息建设过程中，信息标引的方式主要有三种：一是程序辅助下的转化；二是自动或半自动标引；三是人工著录。不同类型的信息源其适用的标引方式也是不同的。

数字化后的档案信息已经经过了标准化处理，可以直接转换为 EAD 格式，以便存储在档案信息数据库中。但是新收集的纸本档案还没有数字化，所以需要人工著录。另外，一些重要和正式的 Web 信息，如政府或企业官方网站上发布的通知，工作人员要对其进行人工标引，或者对自动标引的结果进行审核，以确保著录质量。一般而言，对 Web 信息最合适的标引方法是自动标引，因为 Web 信息通常采用 HTML 格式或 XML 格式，这些格式有明确的规范，便于实现自动标引；而且 Web 信息更新非常快，自动标引可以节省人力、提高效率，从而优化档案信息数据库的性能，提高档案信息数据库系统的整体工作效率，体现档案信息数据库建设的意义。

（三）信息存储模块

在标引工作完成后，档案管理者要将档案信息妥善存储在数据库中。完成信息存储工作是数据库为用户提供服务的基础。现今，信息存储技术也衍生出了很多相关技术，如网络存储、分布式存储，以及云存储等。后两者虽然在空间资源利用方面有优势，但是却与档案资源保存工作冲突，特别是在安全性方面，人们始终对云存储的安全性持怀疑态度。在设计信息存储模块时，需要综合考虑档案信息数据库的功能、性能，以及确保其符合安全性和保密性原则。因此，在设计储存档案信息的数据库时，设计者不能只追求存储技术的先进与更新，还要使其适应用户对系统的需求，以及数据库的运行环境和整体功能。从这个角度讲，网络存储技术，如NAS和SAN，更能在档案信息数据库的建设方面发挥自己的作用。

除技术之外，数据存储的结构对档案信息存储模块的建设来讲也是十分重要的。在数据库的物理设计中，数据存储的基本原则是将易变数据和稳定数据分开存放，将存取频率较高的部分和存取频率较低的部分分开存放。[①] 这一原则也适用于对数据库存储的设计。我们采取这种方法是为了让系统性能相对最佳，同时不影响数据的存储、访问和维护。通过在这二者之间找到一个平衡点，我们可以更有效地利用数据存储空间，减少访问时间，并降低维护成本。根据这个原则，可以进行以下的储存方案设计。

①通常情况下，数据库中的备份数据和文件体量极大，使用频率低，几乎只有在发生故障时才会使用，因此可以将其单独存放。

②可以将资源存储在不同的磁盘当中，这样在输入和输出等工作过程中，磁盘驱动器同时运行，能够提高读写效率。

③数据量较多的数据表可以分别存储在不同的磁盘上以提升存取速度。在多个用户同时操作的情况下，使用这一方式也同样有效。

④为了有效地管理来自不同渠道的档案信息资源，可以将其分别存储在不同的地方。这样做的好处主要有两个方面：一方面是不同来源的档案信息资源的更新频率不一样，其中，Web信息是更新最快的，分开存储可以避免频繁地修改整个档案信息资源库；另一方面是不同来源的档案信息资源的格式也有所差异，将相同类型的档案信息资源放在一起，可以利用中间件技术将其十分便捷地整合起来，同时也可以提高用户在分类浏览时的存取速度，降低系统的负担。

（四）信息服务模块

1．一站式检索服务

在档案管理与服务工作中，数据库的主要职责就是向用户提供全面的检索服务，用户输入检索条件后，经由系统的反馈快速得到符合条件的检索记录。数据库还可以向用户提供本次检索关键词的相关信息、档案全文地址甚至信息下载链接，为用户提供更加全方位的检索帮助。从上文对信息采集工作的介绍中可知，

① 王珊，萨师煊．数据库系统概论[M].4版．北京：高等教育出版社，2006.

信息的来源有四个。来源和来源主体的不同会导致专题档案信息存在异构性。如果无法将这种异构性消除，将信息通过统一的接口集成在一起，那么档案信息数据库就无法为用户提供便捷的一站式服务。

中间件是解决这一问题的基础技术，旨在应对分布式系统中的异构性问题，解决信息异构和整合信息资源，并实现门户平台服务的集成，其目的在于快速、高效地处理各种各样的信息并实现系统功能的协同工作。中间件是一种特殊的软件或服务，它的特点在于能够在不依赖特定硬件系统或数据库企业的情况下独立运行。它能在应用软件和系统软件之间发挥作用，作为一种标准平台使用于分布式应用；能够整合应用系统，让这些应用能够独立开发和运行。门户服务平台是将多种信息服务进行综合的平台，它能够将具有统一标准格式的信息资源和应用系统接入进来，从而为用户提供标准化的信息服务。也就是说，为了让用户能够轻松地在一个网站上获得标准的档案信息服务，我们必须利用中间件技术形成统一标准的结构，将门户服务平台和资源管理系统连接起来。

中间件是一种将不同的信息资源进行连接和整合的技术，它可以实现各个数据库与子库之间的相互连接，以便更好地整合这些资源。中间件承上启下，起到桥梁和纽带的作用。中间件还能够支持符合标准的协议和接口，进一步增强其功能。标准接口的重要性在于增强了系统的可移植性，而标准协议则能提升系统的互操作性。中间件在档案信息数据库的建设中是必不可少的，因为它涵盖了标准化工作的主要内容，同时具备了不可替代的重要作用。在这个数据库模型中，中间件提供了一个可靠的、高层次的应用环境接口，使得开发档案信息检索服务和协同管理这两大应用功能更加稳定。因而，应用软件在针对用户和管理人员的方面很少需要改变，无论数据库的各个子库发生了多少次的更新、改进或调整，只有在一些特殊的情形下才需要升级和更新中间件。在此过程中，只需保持中间件向外部暴露的接口定义不变，便可确保原有的检索功能和协同管理功能不会受到影响，从而避免浪费投资。

2. 具体功能介绍

数据库最主要的功能就是向用户提供信息等服务，其中，信息检索服务是最基础的功能，也是其他后续服务的基础。从其特点进行分析，信息检索又可以分为基本检索和高级检索。在用户使用数据库的过程中，常常会出现很多难以解决的问题，这时就需要系统具备交互功能，方便用户反馈问题，然后管理者根据反馈的问题帮助用户达到检索目的。这一功能的常见形式有咨询、用户信息反馈和常见问题（FAQ）。

（1）基本检索功能

档案信息数据库提供两种方式供用户检索信息，一种是按照分类进行浏览，另一种是按照条件进行检索。无论哪种方式，用户都可以使用多个检索字段来缩小范围，如关键词、时间、馆藏地等。检索字段不仅有助于初步检索，还可以用于检索结果的筛选，帮助用户获取更为准确地信息。

（2）高级检索功能

高级检索功能是专门为专业研究人员打造的。该功能包含两个方面：一方面提供高级检索语言的检索界面，让专业人员能够更有效地、全面地、准确地获取所需的信息，节省其工作时间；另一方面实现定题跟踪，即根据用户检索的主题或检索式为用户及时推送最新信息。

用户在使用高级检索功能时，档案信息数据库系统会将符合条件的记录呈现给用户，用户在界面上看到的是一条条的相关信息。检索结果页面可以将符合检索条件的各项记录的相关信息展示出来，如档案生成时间、档案信息的来源和现在的馆藏地址等。检索结果页面上还提供进一步的检索和筛选服务，如根据不同字段进行进一步筛选；并且可以为用户提供原文的浏览地址和文件下载链接。

（3）咨询服务

档案信息数据库的咨询服务的目的是让用户能够有效地检索所需的信息。咨询服务的方式有多种，如提供咨询电话、在馆内设立人工咨询台，或者在系统中开通在线咨询功能。在线咨询功能具有很好的交互性，用户可以通过数据库内置的聊天工具与工作人员直接沟通，向其询问档案相关问题。

（4）常见问题

常见问题是一种在各种网站和系统中常见的回答用户疑问的方式。除了常见的使用问题，相关工作者还要根据用户的常见问题，提供图文结合的解决方案，并通过检索功能让用户更迅速地找到解决问题的方法。此外，档案管理者与数据库系统管理者还要不断总结用户遇见的新问题，完善和更新常见问题库，保证其实效性。

（5）用户信息反馈

档案信息数据库的内容资源和设计使用都需要用户信息的反馈来不断为其提供优化的方向与思路。用户信息的反馈主要涉及两个方面，一方面是对数据库本身的设计使用的意见，另一方面对数据库内容的意见。通过这样的反馈，档案信息数据库可以在各个方面进行完善。此外，反馈功能还可以作为征集信息的途径，用以增加和扩展数据库的内容。

在信息服务模块中，用户与数据库的交互设计也是很重要的一环，用户在使用过程中接触最多的就是系统界面。数据库的界面设计和行为规范应该尽可能地贴近用户长期形成的互联网使用习惯和操作习惯。例如，在高级语言检索功能的建设上使用通用的逻辑运算方式会更加符合大众的使用习惯，也更能提高系统界面对用户的友好性，方便用户使用。

第三节　档案信息数据库的设计

一、档案信息数据库的逻辑设计

为了管理信息数据，档案系统采用了文档管理的方法，并在设计过程中考虑了档案信息数据库系统自身的特点，实现了专题库下的分类型知识条目管理。根据需求分析结果，档案管理系统建立了八个固有专题库和内建分类体系，每个专题库中包含了该专题相关的非结构化文档和结构化数据。档案信息数据库系统在逻辑结构上由数据库系统、目录服务系统、消息系统及网关系统有效集成。

（一）数据库系统

档案信息数据库系统共有四个主要组成部分，分别是资源平台模块、业务平台模块、资源获取模块、统一资源存储模块。

资源平台模块又分为六个子系统：专题库管理、分类管理、知识条目管理、信息统计、信息检索及知识浏览。

业务平台模块涵盖了多个分系统，例如，数据收集、数据汇报、数据分析管理和文件存储等。

资源获取模块包含了四个子系统，分别是档案数字化、数据录入、数据交换和数据核对。其中，档案数字化是对纸质档案进行加工，生成数字档案资源的系统；数据录入是将不同类型、不同来源的档案信息写入数据库的过程；数据交换是与外部其他系统进行信息交换的系统；数据核对则是保证信息准确翔实的重要过程。

统一资源存储模块由两个子系统组成：知识文档资料存储子系统和业务操作数据存储子系统。在知识管理系统中，知识文档资料存储子系统由文档库和知识库组成，主要用于对文档及其相关元数据和关系进行管理和组织。数据管理和数据元数据管理是通过数据库实现的，该数据库是业务操作数据存储子系统的一部分。

（二）目录服务系统

目录服务是一种将信息仓库、存取法和相关服务集成在一起的技术。信息仓库是一个数据库，它的功能是存储资源的位置信息和其他相关资源，如用户信息、打印机等，它所存储的信息十分详细。存取法是一种与目录服务组件交互的方式，如轻量级目录访问协议（LDAP）。相关服务是目录服务提供的设施或功能，能够支持查询、操作等，并对数据库中的信息进行验证。

目录服务是一种可以为所有应用程序统一定义用户和组的技术，无须针对每个应用程序单独设置用户和组。目录服务有助于提高安全性，即通过验证用户身份来控制其对系统资源的访问权限。如果缺少目录服务，那么系统就需要为不同的软件产品（如应用服务器和 Web 服务器等）多次创建相同的用户和组，因为这些软件产品无法共享安全性信息。

数据库系统是目录服务系统建立的基础之一，它能够将目前大部分的目录服务系统紧密融合在一起，形成统一的资源目录并为使用者提供方便统一的用户权限管理服务。数据库系统的设计和最终呈现都实现了独立的用户／权限管理功能。当使用者不需要接入外部目录服务系统时，系统内独立的用户／权限管理功能也可以满足使用需求。

元数据技术是建设业务平台的信息资源目录体系的有效方法，它可以按照一定的标准将共享的信息资源的特征描述出来，从而生成格式和标准统一的目录内容。同时，系统还可以通过元数据技术，根据易于理解和分类清晰的原则，设计出多级档案信息资源目录框架。该框架的建设主要划分的依据是主题和部门类别，其特征在于物理分散、逻辑集中，便于用户理解和使用。

目录服务系统的主要模块有两个：一个用户目录；另一个是统一资源目录，其主要功能在于打造系统统一授权管理的基础。用户授权管理的实现可以让数据库管理者灵活控制对用户权限的授权，实现授权分级、分类的统一，便于用户管理。

用户如果需要访问门户网站，系统则能以授权访问接口的形式来控制和确认用户能够访问的资源。

（三）消息系统

系统不仅支持用户通过 Web 形式访问数据库，还接入了移动客户端，具备短消息功能。这一功能是对用户业务应用的完善。在此基础上，系统还具有更加便捷的消息通知功能，并且通过短消息的发送、处理与回复，还能够提供简单的移动应用功能。系统能够通过内部或外置的消息系统，利用即时通信、邮件或短信服务平台等来支撑用户和系统之间的简单互动和信息传递。此外，消息系统还要有用于系统范围内的电子邮件和网络通信系统，让本系统内部人员之间的交流与沟通更加顺畅，此外，还要与互联网邮件互通，打造更加便捷的交流渠道。

1．即时通信平台

通过 Web 的形式向用户发送信息，用户在线时可以及时收到信息，若用户不在线，则当他重新登录时即能收到信息提示。

2．短信服务平台

系统支持向用户发送短消息，用户也可以通过短消息接收系统信息或向系统发送信息。系统与短消息平台的连接是通过 MAS 机或 Web Service 实现的。通过短消息系统，系统能够在获取到用户手机号的前提下发送信息给用户，也能接收用户发送给系统接入号码的信息。

3．邮件服务平台

系统要与邮件服务平台连接，用户才能够利用电子邮箱接收系统内部信息。系统可以使用基于 Web 的邮件系统，每个用户可自动获得一个电子邮箱，在系统内部和外部均可使用，用于电子邮件或超文本邮件的收发与回复。通过系统的邮件服务平台，用户能够建立起树状邮箱目录，能够利用系统建立的邮件通讯录来便捷地选择邮件地址，可以选择单发或群发邮件。此外，系统还要提供邮件搜索功能，方便用户快速获取自己想要的信息；也要提供集成功能，让用户能够在系统内使用其他平台的邮件账号。

根据不同的平台，邮件服务平台的接口方式有很多。例如，在 Windows 操作系统中，系统可以通过服务期间的集成来完成邮件集成服务平台的部署与配置；在 Java 操作系统中，则可以使用 JavaMail 等技术来实现这一功能。由此，用户向指定邮箱发送的信息能通过系统的发送邮件接口准确传达。

（四）网关系统

网关是连接外网和内网的保护设备。它可以担任过滤器的角色，阻止未经授权的用户访问内网，也可以担任代理服务器的角色，维护内部网络节点的安全。安全网关还提供隧道模式功能，从而让内网中的节点能够使用未注册的 IP（互联网协议）地址与外部公共网络联通而使真实网址不被发现。其主要原理是安全网关在公共网络中可以为内部节点协商 IPSec（互联网络层安全协议）的 SA（安全关联），在必要时也可以提供硬件加密或解密服务。由此可见，在内网访问外网的过程中，安全网关可以有效地保护内网节点不被发现和攻击，保证了这个过程中内网的安全，同时能保证访问速度。

网关系统中最主要的软件系统是防火墙和互联网安全产品，利用这些软件网关系统才能实现对访问过程中各个层面的监控和危险过滤，从而确保系统边界的安全性。

防火墙可以在内网和外网之间建立安全网关，它运行在连接内部网（信息网）和外部公共网络（共用网）的网络网关服务器上。它的作用是防止外部网络用户非法访问信息资源，强制截停所有链接并使其在此接受检查，杜绝绕过防火墙进入内网的行为。防火墙的主要意义是对外来访问进行控制，保证在开放和有风险的公共网络环境中内部局域网不被非法入侵。一般而言，防火墙位于私有的、有确认的网络和公共网络之间，主要的功能是检查网络入口所有经过的信息，并根据一定的规则来监控数据流，保证私有网络不被擅自使用或破坏，从而维护私有网络的安全。

二、档案信息数据库的物理设计

档案信息数据库系统的物理设计充分体现了系统网络化应用和信息安全性。

（一）系统网络化应用

数据库系统在逻辑上划分为几个部分，分别在不同的计算机上运行，这些计算机既可以在局域网内，也可以在内联网上。采用这样的数据库系统，在结构设计时，应注意将应用逻辑从用户界面中分离出来，形成不同的模块。[①]

联防联控机制可以通过外部网络（Extranet）或虚拟专用网络（VPN）访问档案信息数据库系统。总之，通过网络将各方从物理上连接起来，实现信息远程服务与业务协同交互。

（二）信息安全性

通俗来讲，安全性就是保证系统资源在不断地用户访问中的安全，隔断非法访问和破坏。档案信息系统中的资源主要包括档案文件、目录、系统本身程序、数据库和不同系统或模块之间的连接。因此在系统的物理设计中，要有支撑数据

---

① 刘腾红，刘婧珏．信息系统分析与设计 [M]．北京：清华大学出版社，2010．

库安全的管理设置，例如，用户的身份认证和权限管理、网络访问管理、终端监控管理等。

1. 系统安全性需求

系统安全性需求包括用户登录安全设置、系统人员角色/安全级别定义及系统监控三方面。

（1）用户登录安全设置

在系统客户端登录验证中，通过用户名、密码、验证码进行验证，在数据库中对用户的密码进行加密。采用的验证码是随机产生的，为了防止暴力破解而内含加密机制。

（2）系统人员角色/安全级别定义

对系统的所有使用人员在系统设置中定义其角色和安全级别，角色分得越细，安全性就越高。对于系统中的信息，可通过各种方式设定读取和查看所对应的人员角色/安全级别，并可在相当范围内进行权限的细分，从而使系统中所有的操作都在严格的控制下。

（3）系统监控

提供强大的数据库日志功能，对关键信息的操作进行监控，帮助系统管理人员跟踪、分析、调试办公自动化系统。

2. 系统的安全设计

档案信息数据库的安全设计分为安全管理体系、物理安全体系及应用与数据安全体系三个部分。

（1）安全管理体系

安全管理体系包括安全防护和安全管理。前者是对物理环境采取必要的措施，如数据库系统和互联网的物理隔离是在工位上提供连接不同网络的多个信息点。后者是对工作人员、系统安全信息的组织和管理，是实现网络系统安全的管理手段。据统计，大部分的信息安全事故是由安全管理不善所引起的，所以应该充分重视系统的安全管理工作，构建统一的安全管理体制。通过建设集中统一的安全管理制度，加强安全防范意识，实现对整个安全体系的综合管理。安全管理也包括对系统中各种运行日志的手工安全审计，这也是事后发现系统漏洞、非法入侵者的重要方法。

（2）物理安全体系

物理安全体系包括涉密信息网络建设和数据库定期全量备份。前者是根据知识信息内容和应用服务类型有选择地进行建设，后者是对数据库进行定期全量备份，在系统遭受到破坏时进行恢复。在具体实施时，可以根据经费情况，选择适当的备份策略。

（3）应用与数据安全体系

应用与数据安全体系包括数字签名、加密体系、认证登录和授权体系、存取权限控制、网络和计算机系统安全、网络访问管理、Web安全管理、安全监控体系及安全审计等。

三、档案信息数据库的功能设计

（一）专题库管理、主题分类管理和知识条目管理

1. 专题库管理

专题库管理是对既有数据库以外的、在实际业务中产生的信息进行统一管理的设置，起着补充更新的作用。专题库管理的功能有新建专题库、修改专题库、删除专题库和专题库访问设置等。

2. 主题分类管理

管理人员可以通过新建主题分类界面提供主题分类名称、主题分类的上位主题分类（可多个）和分类描述信息，系统检查主题分类名称的有效性（唯一主题分类名称），通过验证的，创建主题分类，生成主题分类描述符；在存储主题分类时，存储主题分类和上位主题分类的类属关系。

管理人员可以指定待删除的主题分类。如果在主题分类中已经存在指定主题的下位主题分类，或者数据库中已经存在标定为该主题分类的知识条目，那么就给出提示信息并建议用户不要删除。得到用户删除确认后，将主题分类的所有下位主题分类向上移动一级，即所有下位主题分类的上位主题分类修改为删除主题分类的上位主题分类（如果待删除的主题分类无上位主题分类，则置空），通过索引反向查找标定为待删除主题分类的知识文档，将这些文档的主题分类转变为待删除主题分类的上位主题分类（如果待删除的主题分类无上位主题分类，则置空），删除指定主题分类。主题分类的删除功能使用频率低。

管理人员可以修改指定主题分类的分类名称、主题分类的上位主题分类（可多个）和分类描述信息，系统自动检测主题分类名称的有效性（主题分类名称是唯一的），通过验证后的信息，系统将主题分类信息的形式加以保存。

通过主题分类管理形成创建、删除和修改主题分类的日志记录。

3. 知识条目管理

（1）档案数字化

档案数字化是随着计算机技术、扫描技术、OCR技术、数字摄影（录音、录像）技术、数据库技术、多媒体技术、存储技术的发展而产生的一种新型档案信息形态，它把各种载体的档案资源转化为数字化的档案信息，以数字化的形式存储，以网络化的形式互相连接，利用计算机系统进行管理，形成一个有序结构的档案信息数据库，并及时提供利用，实现资源共享。档案数字化还能有效地保护档案原件。数字化档案能代替原件使用，并能恢复档案材料模糊褪色的字迹，对污损残缺照片档案进行修复。而且数字化档案副本异地保存，以及输出缩微胶片永久保存，可以在突发紧急情况时最大限度地保持档案的完整性。

在信息处理中，除可以获取的数字化数据外，还存在大量纸质文档，对这些纸质档案的数字化，是加强系统对业务文档归档和信息管理的重要手段。

参照纸质档案数字化技术规范、业务管理操作规程，采用基于扫描接口和工作流组件，对现存纸质档案进行扫描、校验，校验后进入阶段库的协同工作方式。

阶段库是存储完成档案数字化扫描的图像文档的数据存储区域和管理机制。阶段库中的扫描图像类型文档可以进一步通过数据录入系统在协同办公平台数据库中完成入库。

对于重要性不同，再利用不同的文档资源可以采取不同的入库策略。当扫描图像文档进一步完成入库时，系统提供两种方案：一种是系统提供的扫描图像文档存储和OCR全文检索字段自动抽取方案，该方案将扫描图像文档入库存储，由系统自动根据OCR结果按词进行全文检索；另一种是系统提供的带有版面识别的OCR信息入库方案。

（2）数据录入

数据按结构化程度基本上可以分为结构化、半结构化和非结构化数据，指示了系统对外部数据表达的信息和信息模式的认知程度。对系统而言，从外部获取的数据大都不是结构化数据，要通过系统对数据的整理和转换实现前述系统需求中的数据向半结构化和结构化数据转换。结构化数据主要有从关系型数据库管理系统获取的数据；半结构化数据主要有通过电子政务交换服务得到的公文数据，其特点是基于XML格式的数据文档以XML语言表达的信息和信息模式一并出现，在半结构化数据信息模式可预知的情况下，可以实现在系统内向结构化数据的转换；非结构化数据主要有大量无标准化结构定义的文本型数据、声音、图片和视频等。

文档格式标准化处理是将多种数据源得到的不同类型的文件格式和数据格式进行标准化，最终得到标准的文件格式和数据格式。所有数据均提供相应的元数据管理。

针对提取结构化数据、外部交换数据、导入文件、图片和音频、视频格式，分别制定标准格式。

提取结构化数据是指从外部关系型数据库管理系统（RDBMS）提取的结构化数据。针对特定类型的数据，在系统的数据库设计和部署中有与之对应的关系模式（表结构）及表空间，用以表达结构化数据的模式和存储特定的结构化数据。对应于数据的元数据集中存储于元数据库中，建立元数据与数据的链接关系。

外部交换数据因其自描述性普遍具有较好的内容结构，属于半结构化数据。所谓半结构化数据，就是介于完全结构化数据（如关系型数据库、面向对象数据库中的数据）和完全无结构的数据（如声音、图像文件等）之间的一种数据形式。它一般是自描述的，数据的结构和内容同时在一起。由于 XML 文件可以自定义数据内容，并可以通过 DTD（文档类型定义）、Schema（模式）等辅助文件来定义 XML 数据模式，校验其所包含数据的类型和层次，因此在使用 XML 文件作为不同形式数据转换的中间格式时，我们可以保证数据的有效性。

档案信息数据库保留此类文档的原文件内容，并与相应元数据进行打包封装，使之成为系统标准电子文档。基于外部交换数据的内容结构，系统提供元数据提取的映射机制，可以通过映射规则的配置和使用，实现部分元数据的自动提取。

另外，这部分数据也可以在有需要的时候通过映射等机制转换为结构化数据并存储在本系统的关系型数据库中，用于进一步的分析。

目前，导入文件主要包括图片文件、音／视频文件等几类来源的文档格式转化，导入文件一般结构性差，通常包括文本、数值和图像等多项内容，有的还具备重要的显示格式等。系统保留此类文档的原文件内容并与相应元数据进行打包封装，使之成为本系统的标准电子文档。

需要说明的是，对于需要通过 OCR 技术提取文本信息以提供全文检索支持的扫描图像文档，也归类为导入文件。

图片文件资源以 JPEG 标准格式转存，在损失少量信息的同时可以获取较高压缩比，有助于节省存储空间和降低网络带宽。对应于数据的元数据须集中存储于元数据库中，并建立元数据与数据之间的相应链接关系。如果用户录入的图片文件格式不满足系统要求，那么系统可在客户端提供格式转换界面，实现格式转换功能。

按照电子文档管理的标准，音频采用MP3或WAV格式存储，视频采用MPG或AVI格式存储。在本项目的建设要求下，音频采用MP3格式，视频采用MPEG-4格式。这两种格式既能保证音质和清晰度，又具备较高的压缩比，这样不仅能节省存储空间，还能降低网络带宽。对应于数据的元数据应集中存储在元数据库中，并建立元数据与数据之间的相应链接。如果用户录入的音、视频文件格式不满足系统要求，那么系统在客户端提供格式转换界面，实现格式转换功能。

在系统可以预计到的数据中有相当大的比例是导入文件型数据。如前所述，系统中的数据均使用著录系统的功能，通过自动获取、映射和手工录入结合的操作方式，形成原始数据的元数据，遵循按元数据管理的原则。导入文件型数据和外部交换数据与其他几种数据在元数据的存储方面有所不同，导入文件型数据和外部交换数据与元数据打包封装存储。对系统中多种类型的导入文件型电子文档的元数据打包封装存储，是参照工业标准进行设计的。

档案信息数据库借鉴国内外电子文件和元数据的分离和封装设计思路，参照相关标准，设计本系统的数据封装规范，使规范尽可能与标准统一，使各种类型的电子文件交换纳入标准化、规范化体系，既做到满足目前系统对信息协同办公平台系统基础信息数据库的管理需求，又能够为系统与外部电子政务系统的各种类型的电子文件交换提供可参考的规范和实践基础。

目前在开放文档数据格式方面，有三大数据标准可供参考：一是办公应用程序开放文档格式（Open Document Format，ODF）；二是OOXML（Office Open XML）格式；三是国内提出的中文办公软件文档格式规范（Uniform Office document Format，UOF)，简称“标文通”。另外，我国在电子文件的封装方面也提出了标准征求意见稿。

其中，ODF在国际上被较多国家选为技术标准，并且提供了Java和C#语言的开发工具ODFDOM和AODL。ODF在开放性方面所做的大量工作得到世界范围内的认可。UOF是我国推出的推荐性标准，使用基于XML的内容和格式表达及文件存储。ODF和OOXML标准均采用了XML + ZIP(数据压缩文件格式)的技术，即通过XML技术保存文档的文本信息、格式信息和元数据，通过流保存文档中的图形等其他类型对象，并通过ZIP技术封装上述资源形成压缩文件。相比而言，ODF/OOXML标准在数据的编码、数据和其他信息的分离，以及存储空间需求等方面具有明显优势。

综合比较各种标准的特点和应用现状，以及在开发方面提供的技术和支持，系统基于 OOXML 及 ODF 技术的文档格式作为主要的标准化文档格式，另外兼顾 JPEG、MP3、MP4 等重要媒体格式。

数据录入系统的设计，在很大程度上能够适应非结构化、半结构化和结构化数据的录入，采用统一的元数据管理机制，从而满足信息化建设的需求，有助于充分利用现有资源，将现有资源整合到数据库系统中。

（3）著录

著录模块是对文档内容和形式特征进行描述的功能模块。数据库文档采集员录入文档后，文档管理模块通过工作流引擎通知著录人员对文档进行著录。著录人员也可以选择知识文档并启动著录过程。

用户选择完文档，系统检查该文档的内容类别，从而选取适当的文档类型、元数据模板并创建相应的元数据实例，系统自动提取部分信息填入元数据实例，例如，文件名称和文件大小等。用户在此基础上补充和修正元数据内容，并提交著录元数据。用户在提交元数据时，系统保存元数据内容到文档库中，存储文档和元数据的关联关系；将元数据索引化，生成相应的索引。

（4）数据核对

系统提供以开放式词库管理为核心的文字校对引擎，提供人工校对界面和校对以实现对上下文的有效管理，提供基于工作流引擎的校对业务流程管理。校对系统能够充分利用现有基础信息数据库内的语料和用户向词库添加的词条持续扩展开放式词库，通过开放式词库增加自动辅助校对的准确性；系统对校对上下文、校对环境和校对结果进行有效的管理，使得三个校次有延续性和可对比性；系统基于工作流引擎的校对业务流程能够更好地将传统人工校对中的“三校”，合理迁移到高效的计算机平台上，并保证职责清晰和权限明确的特点。

对于 OCR 字符识别（尤其是 OCR 版面还原）的纸质文档数字化，基于 OCR 校对应用程序接口（API），系统还提供校对 OCR 文字和校对版面的功能。

（5）文档关系管理

档案信息数据库系统还通过元数据管理的手段实现了文档关系的管理。系统中采集、存储和管理的档案信息存在各种各样的关系和联系。然而很多良好的应用系统忽略了这些重要的文档关系，导致对有相互联系的文档的使用产生一定的困难。

文档关系管理系统完成对文档数据之间的上述各类关系、联系的抽象存储和使用。用户可以在录入数据后，对文档之间的关系进行指定。除可以指定系统提供的几种预设关系外，用户还可以根据自己的需求创建新的关系类型定义。

在信息检索系统和其他业务应用系统等众多系统中，借助文档关系管理系统中管理的文档关系，可以为用户提供更多相联系文档的简单提示，也可以基于这些关系更方便地完成相关文档的查看和比对等操作。

（6）审核

对通过审核的档案信息数据库文档创建入库，系统逻辑上分配该文档到联防联控数据库相应的专题库，创建统一资源标识符（URI）。

对通过审核的档案信息数据库文档进行更新，系统逻辑上删除原版本文档在相应专题库中的知识条目，替换为更新的版本知识文档，维持原 URI。

（7）信息检索

对基于著录工作和索引化得到的索引，提供分类检索、主题词检索等基于元数据的检索方式；对基于全文索引提供全文检索方式。对应本系统的需求，系统提供专题检索、元数据检索、条件检索和多媒体检索等检索方式；系统还提供其他检索方式和检索特性。

系统自动检测著录得到元数据，并将元数据索引化，生成由描述信息定位原文档的必备信息。例如，通过计算机自动著录和人工著录得到文档的元数据，针对元数据中的分类、主题词，系统将生成分类或主题词并将其在该文档中索引化，这样在信息检索中，用户指定的分类或主题词将借助索引检索到该文档。

系统基于全文索引引擎，完成切词和索引化，生成文档中的词语到该文档的索引，这样在信息检索时，用户指定的文本将借助索引，检索到该文档。

专题检索是数据库系统面向专题的检索方式。专题检索也基于元数据的索引化完成，在数据库条目入库时，系统能够根据用户使用的功能操作及用户设定的信息，检测并正确存储知识条目到相应的专题库中，同时形成相应的元数据项，该元数据索引化后，使得到的专题名到该文档的索引，支持后续专题检索。

元数据检索基于内容类型，自动提供元数据模板中更加全面的可检索项。前述众多检索方式实际上是元数据检索的特例和简单运用。

对应于系统内的结构化数据，基于对文档元数据的结构化管理和其他统计信息，系统提供条件查询，能够支持常见的关系和逻辑运算，从而支持条件检索。基于索引的检索是通过反向定位信息完成的检索。条件检索综合元数据和关系型数据库，提供更加全面和灵活的检索依据。

多媒体检索基于用户对多媒体信息的描述和计算机自动著录的多媒体元数据，同时借助文档关联，得到与多媒体数据相关联的主文档（一般多媒体数据多以附件形式存在）。这样对多媒体的检索命中率更高，检索出多媒体的检索条件将更加灵活。

通过组合使用分类检索、标引检索和全文检索，系统提供直观的检索条件设置界面，根据用户选择的检索项目和原则，形成复杂的检索条件，并对检索结果进行有效聚合，对搜索范围和搜索条件进行更加细致的限定。

档案信息数据库系统可以将对搜索条件的设置保存为个性化搜索，方便用户快速地使用一些个人常用搜索。这样避免了用户在使用搜索中心时，每次都要进行搜索分类、条件和范围等的设置，极大地提高了用户的办公效率。

档案信息数据库系统除按照前述元数据、分类、标引和全文检索机制提供多种检索方式和途径外，还考虑到发起信息检索的使用者的权限级别问题。通过对检索会话的用户识别和权限级别判定，有效地对搜索结果进行过滤，从而保证了数据的安全访问。

另外，档案信息数据库系统能根据不同的条件和不同信息类型设置搜索范围和搜索方式，如对项目的搜索和对部门文档的搜索就有不同的搜索范围、搜索方式和搜索结果。

（二）档案信息采集、数据上传和信息分析管理

1. 档案信息采集

档案信息采集分为自动采集和手动采集。

自动采集指系统通过数据库接口或其他 Web Service，按照档案业务系统连接有关数据信息，或者通过一定时间间隔，从对象业务系统中获取相关增量数据，然后由档案业务系统将增量数据导入相应数据分类，并形成详细的自动采集日志。

当档案业务系统检测到自动采集到的档案记录数据有误时，档案业务系统会提供半自动采集界面，用户可在该界面上借助查询筛选出其所申报数据记录的类属并填入指定待导入数据条目，然后档案业务系统导入用户指定的数据条目并形成导入日志。自动采集可以完成自动导入日常业务数据到本系统的功能。

手动采集可以用于未采用外部系统进行业务数据管理的通道，提供单条录入和批量导入的录入方法。手动采集是指系统提供用户操作界面，通过表单录入各类信息数据，系统生成相应的身份标识号（ID）数据记录并加以保存的过程，这个过程也可以通过导入指定格式的文件来登记监测数据，上传文件后，系统临时保存该文件并解析文档，为用户提供解析结果，用户验证无误后正式提交，提交的数据信息应与前述表单提交数据一样，生成唯一监测 ID 并保存该数据记录。手动采集也可以用于突发紧急情况下的信息采集。

2. 数据上传

数据上传是在传统上传工作方法基础之上形成的信息化手段。数据上传具有信息上传和信息反馈的功能，既能对各种信息提供上传支持，也具有通知功能的信息反馈，这极大节约了传统档案上传手段中人员通信和访问反馈的时间，提高了档案信息上传的效率。

数据上传主要分为档案信息上传、档案信息反馈和档案信息上传汇总三个模块。档案信息上传模块支持通过表单进行档案数据化数据上传和一般的档案文档上传，这样能全面支持档案上传信息，既能支持对数据化档案等信息的上传，也能支持一般报告等的文档上传信息反馈模块，提供对档案上传信息核查后的反馈功能，基于信息接收者对档案上传信息的评定和意见，为信息上传人员提供反馈通知。

在档案信息上传模块中，用户可以指定档案上传接收机构（直接上级或非直接上级机构），从而支持档案逐级上传和灵活地跨级别上传。

当档案信息上传人员提交上传数据或上传文档时，档案信息上传模块检查上传接收机构和上传信息主题分类的有效性，并将相关数据存储于关系型数据库或文档库中，为档案数据记录和文档分配资源 ID 形成 URI，以及相应的上传资源记录项，并在资源访问控制列表中建立资源访问控制描述项目，描述上传发送机构和接收机构对该上传数据或文档的可访问性。完成资源的存储和资源访问控制描述项设置后，档案信息上传模块使用工作流引擎产生通知，通知上传接收机构有上传数据或文档送达。最后，向信息上传人员返回信息，描述信息已经上传。

数据上传接收机构的信息上传员可以接收到前述上传数据或文档送达的通知，得到通知后，可以查看该上传数据或文档，并对上传内容进行评定或提出意见，提交反馈。反馈提交后，将信息反馈存储于上传资源记录项中，通过工作流引擎向上传内容发送单位发出信息反馈通知，通知上传内容已经得到反馈。

数据上传接收机构的信息上传员可以使用档案信息上传模块的上传汇总功能核实下级上传数据，对结构化数据还可以提供内容汇总。档案信息上传汇总模块按照用户指定的时间期限（日、周或月）和信息分类，统计时间跨度内的机构上传数据，结合机构树，形成下级机构上传数据统计结果。对于结构化数据，对筛选所得上传记录的数值字段汇总。

通过档案信息上传模块与机构或部门管理的接口可获取所有上级机构或部门，得到指定机构或部门的所有直接上级和间接上级机构或部门，用于支持在档案信息上传功能中对信息上传接收机构或部门的指定。

3. 信息分析管理

信息分析管理包括信息类型分析、信息类型确认、信息评估报告等步骤。

信息类型分析：将档案数据加以分析，从档案信息资料的专业领域特点进行的信息类型划分。

信息类型确认：将档案信息资料加以分析和归类后，还应从流程上加以确认。

信息评估报告：根据模板技术生成相应的档案信息资料评估报告，并生成相应的资源，以及 ID 和 URI，以便用户访问。

信息分析管理按照分类和时间创建的信息分类和信息资料评估报告数据和文档，一般存储于关系型数据库和文档库中。

第四节 档案信息数据库的核心业务流程

一、档案信息数据库的采集业务设计

（一）普通档案信息的采集流程

普通档案采集业务的流程大致如下。

第一，文档采集员启动基础知识积累采集业务流程，向条目管理请求。

第二，档案文档管理子系统收到请求后，暂存知识条目，并借助工作流管理引擎向审核人员发送通知，通知审核人员对该知识文档进行审核，再向文档采集员发送通知，通知文档采集员知识条目已提交并等待审核。

第三，审核人员提交文档审核通过或不通过的审核结果，文档管理子系统保存知识条目，并借助工作流管理引擎通知文档采集员审核结果。

第四，工作流管理引擎向校对人员发送通知，通知校对人员对文档进行校对；向著录人员发送通知，通知著录人员对文档进行著录。

第五，校对人员对文档完成校对，在必要情况下保存校正后的文档。

第六，著录人员对文档完成著录，完成知识积累采集业务流程。

（二）特殊档案信息的采集流程

特殊档案信息的采集流程大致如下。

第一，特殊档案信息采集业务流程的启动方式有自动同步、人工导入和监测登记三种方式。

第二，自动同步方式的档案信息采集业务，由资源平台在工作流管理引擎自动调度任务，外部档案提供者先通过系统添加业务数据，然后由资源平台择取适当的档案数据存储进来，最后生成该档案导入报告。

第三，人工导入方式的特殊档案信息采集业务，由特定人员在系统中发起档案数据的查询或申报，数据平台作为代理；数据平台可进一步向资源平台系统查询业务数据，并将返回的结果显示给申报用户；申报用户指定要导入的档案数据，要求资源平台导入。平台存储用户指定导入的档案数据，并形成档案导入报告，以供用户查看。

第四，档案信息采集业务可由档案信息采集人员通过表单提交档案信息数据(单条提交或批量导入)，平台存储申报信息并向用户返回操作结果。

二、档案信息数据库的知识管理业务设计

（一）专题库管理

专题库采用分库条目式管理方式。分库用于对专题库的管理，即按照机构、功能等业务特性人为划分数据库单元。作为数据库分库，既要借助关系型数据库有效支持结构化数据，也要借助文档库良好支持非结构化数据。借助元数据管理手段有效描述结构化数据和非结构化数据，采取必要手段管理知识信息的相互关联。

分库可以关联多种内容类型。内容类型可以约定一致的元数据模板、文档模板和工作流等相关特征。

分库下可以建立知识信息条目，提供条目的增加、删除和修改功能。支持分库的维护，从逻辑上支持划分分库专题库；允许新建、修改和删除分库。在分库下可以建立子库，提供对分库操作的权限管理，为不同的联防联控机构开放相应的分库或子库。

（二）知识入库及更新

数据库中的文档创建可以基于文档模板，创建基于模板的知识文档，也可以不借助文档模板，直接提交文档到数据库中。对数据库中创建的文档，可以通过引入校对环节提高文档内容的准确性。对数据库中的文档进行著录，可以更完

整地描述知识文档的内容和特征，对自动词条索引和全文检索的应用有极大补充作用。

数据库中的文档对外公开是受审核管理约束的，因此知识入库和知识更新都要接受审核管理。文档通过审核后，用户才能查看创建的文档和被更新的文档。

（三）知识检索

知识检索通常指文本信息检索，其核心是文本信息的索引和检索。在档案管理领域，检索是存储和查找档案信息的过程；索引是指明档案或目录的某种特征，以一定次序编排并注明相应出处的档案检索工具；标引是对档案内容进行主题分析，赋予检索标识的过程。在进行信息检索时，通过提供一个或多个检索项与检索内容，检索系统会通过索引查找档案。例如，常用的主题词检索、标题检索等。

实际上，所有“标项”都可以作为检索依据。在这些检索方式中掌握主题词规律和掌握档案内容特征的程度直接决定检索的实际效果。在计算机信息检索领域内，全文检索技术越来越受到重视和被广泛应用。全文检索技术是一种重要的关键词检索方法。所谓全文检索，就是给定一个字符串或字符串逻辑表达式，对文档库进行相应的检索，查找出与指定表达式相匹配的文档，并将包含这些文字信息的文档作为检索结果返回给用户。全文检索技术分为两种：一种是根据检索表达式直接在原文档中匹配查找，这种方式适合于对小型文档库的检索；另一种是对文档预先建立索引，在检索时对索引进行检索，这种方式适合于对大容量的文档库的检索，如互联网上的文档检索。全文检索技术包含两方面的核心问题：一方面是如何建立和维护索引库，另一方面是如何提供快速有效的检索机制。面向网络的全文检索系统所处理的对象是海量数据，要实现对它们快速有效的全文检索，主要从以下三点进行考虑：一是检索的快速响应，二是索引库的建立与维护，三是索引数据的压缩。①

全文检索系统是按照全文检索理论建立起来的，是用于提供全文检索服务的软件系统，计算机程序通过扫描文档中的每一个词，对每一个词建立一个索引，指明该词在文档中出现的次数和位置。当用户查询时，根据已建立的索引查找，类似于通过字典的检索字表查字的过程。

实际上，各级机构在工作中要大量频繁地调阅档案等信息资源，系统提供的信息检索性能的优劣直接影响着档案信息资源利用的效率和水平。系统遵循元数

---

① 颜维龙，盖杰，武港山，等. 面向网络的全文检索中索引文件的组织[J]. 计算机应用研究，2002（11）：124-126,146.

据管理的电子档案科学管理方法，充分发挥元数据在信息资源描述和概括方面的重要作用，并且扩展和实现灵活的元数据著录模板机制。通过自动化和人机结合的元数据著录，对信息资源的主题、标题等关键特征加以描述，还可以针对特定类型的信息灵活地进行更多的信息描述。著录所得到的元数据，通过标引可以提供丰富的检索标识。此外，充分利用计算机全文检索的优点，将信息资源进行全文索引，提供按词寻文的便利性。信息之间的关联性在系统的信息检索中也得到了充分的考虑，系统还支持相关联信息的检索，使得对信息的提取更有益于相关信息的调阅和使用。

综合使用上述各种信息检索方法和特性，系统提供灵活、复杂的组合式信息检索方法，通过信息资源的各种特征加以检索，大大提高了检索的效能，提高了工作人员的办公效率。

检索的工具是索引，系统得益于著录系统提供基于元数据的索引管理，尤其是信息采集方案规划中第二阶段对信息的可管理性全面提升后，检索结果中可以提供详细和有价值的著录项目。系统提供三种基本信息检索方式，分别为分类检索、标引检索（含标题、主题词和其他标引项检索）和全文检索。其中，分类检索可以与标引检索或全文检索综合使用，也可以单独使用。系统提供高级检索来组合使用上述三种基本信息检索方式。

1．基于元数据的索引管理

XML 技术是一种适合实现文档元数据的方式，能够让元数据管理更加便捷和个性化，从而让元数据的可扩展性得到提升。此外，元数据是描述信息资源的方式，其中包含对资源进行检索的关键标识。文档的特征通过这些检索标识进行表述，如果以恰当的顺序编排，并附上对应的来源信息，这些标识就可成为检索的工具，这就是索引的基本特征。该系统提供了可自定义的元数据索引创建方式，允许用户通过界面上的复选框选择需要进行索引的元数据数据项。一旦用户选择了特定的数据项作为检索标识，系统会自动为其生成索引，以提高检索速度。

2．分类检索

档案信息数据库支持对数据进行分类检索。在数据信息录入系统人机结合完成分类标引的前期工作基础上，系统支持对简单或组合的分类检索。如果独立使用分类检索，则系统给出属于指定分类的资源列表；如果和其他检索方式综合使用，则系统可以缩小检索范围，从而满足更加具体的查询要求。这样的设计可以为办公人员在日常工作中的大量检索操作节省时间，提高工作效率。

3. 标引检索

（1）标题检索

当用户对自己所想使用的文档有比较清楚的认知时，可以使用标题检索，从而进行基于标题的模糊查询。

（2）主题词检索

主题词检索是借助较正式的主题词表，让用户选择（或输入）一组主题词后进行的检索。系统提供主题词表的管理功能，标引人员在标引主题词时，应尽可能使用正规的主题词，必要时，也可以对主题词表进行扩展。

（3）其他标引项检索

系统提供了灵活的标引管理功能，可以增加检索依据。系统可以根据用户的需要建立合适的标引体系，用户在使用检索功能时，可以使用符合自己要求的标引体系；也可以根据自己的检索需求使用简单或是复合型的检索标识进行检索，如报告人等。系统还可以保存用户的标引检索偏好。

4. 全文检索

索引是一种根据索引词来查找内容来源或信息资源的技术。在档案管理中，索引的主要意义是辅助文献查询与定位；而在全文检索中，索引的意义在于定位相对应的文档。目前在我国档案信息检索技术中，实现索引的方法主要有位图索引、倒排文件索引、签名文件索引。其中，倒排文件索引是建立在书目索引的原理之上的，它的索引单位是单词，目前在全文索引模型中，它的应用最为常见。不过，因为这种方法会产生很大的倒排文件，所以在空间效率方面会产生很大的缺陷。

中文词语和英语单词有着显著的差异。在中文中，通常使用的是复合词，而且词与词之间没有像英文一样使用空格隔开。因此，全文检索要对原始文本进行分隔，并使用这些分隔的词语作为索引建立词级索引。这种索引方式使得检索更加便捷有效，同时降低了倒排文件的增长速度。

为了实现全文检索，首先要获取原文档的文本信息，这是因为系统中的文档信息有很多不同的来源，类型也各不相同，因此想要实现全文检索就必须将其中的文本信息提取出来。其次必须使用高质量的分词工具，以确保分词结果既不过于烦琐，也不会忽略关键信息。最后需要实现分词索引化，并支持词语级别的高效索引和检索功能。

（四）知识归档

知识归档就是指将知识进行分类并存储在用户选定的系统位置中，从而实现对历史性资料的标准化存储与管理。这种归档方式的主要应用范围是将通报信息以年份和专题为标准进行分类和归档。

自动归档和手动归档都是知识归档的主要方式。

知识归档功能可以让用户设置知识分类的存储位置和存储期限。也就是说，用户可以选择专题库作为存储位置，也可以设定知识文档从创建到自动存储的时间长度。系统会对文档进行自动检测，符合存储条件的，会按照标准化的格式保存在用户指定的存储位置中。

（五）知识联系

不同知识文档在内容或意义上的相互关系称为知识联系。系统能够利用知识树模型引擎，在知识分类的基础上按照知识联系进行自动管理，知识树模型能够根据知识分类和层属关系自动生成知识树。知识分类的形成有助于目录信息清晰的知识文档更好地在系统的知识网络中进行定位，从而形成清晰明确的知识结构，便于用户进行访问。

除此之外，系统还能提供不同的知识文档关联的管理模式，如知识目录。知识目录是由用户将系统中的知识文档进行组织从而形成的系统性结构，它更有利于用户将不同知识文档集成，从而让目录更符合自己的浏览习惯。

第四章　档案信息化管理的创新

本章主要对档案信息化管理的创新展开介绍，以期为当前档案管理的信息化发展提供思路，主要从以下三个方面进行阐述，分别是多载体档案统筹管理、文件档案一体化管理、档案资源多元化利用。

第一节　多载体档案统筹管理

一、档案目录信息统筹管理

不管档案信息以哪种载体存在，管理的方式是传统的或是借助信息系统的方式，档案管理工作的重点始终是整理、分类和编目。档案目录的形成是各个档案馆信息服务的基础，更是提供档案检索和使用服务的重要前提。

对传统档案而言，手写档案目录是最常见的目录生成方式；新归档档案对应的则是机读档案目录，这些目录有不同的格式，如以 Excel、Access、Word 文件存储或以关系型数据库存储。为了提高档案利用效率，档案馆应该对所有的档案目录进行整合和分类，建立科学的、统一的目录信息系统，实现档案目录和信息资源的共享和统一管理。在档案馆信息化建设中，目录信息的数字化也十分重要，不能因为工作量大或历史原因而忽视这项工作。

档案目录信息统筹管理还要重视目录层级之间的关联性，即案卷目录和卷内文件目录的关联性，在工作实践中，档案管理工作者要将目录信息数字化推进到卷内目录层面，实现上下级目录的关联。这样用户在浏览检索结果时，就能便捷地了解卷内文件的内容，从而提升检索的精确程度。在检索卷内文件目录时，也能很快地定位至下级对应目录，并显示其信息，便于用户查找和使用。

档案信息化是一个长期的、系统的工程，需要根据档案馆的实际情况和业务需求，合理安排工作步骤和重点。有的档案馆先从新收档案的目录和全文管理入手，再逐步推进原有档案的目录和实物数字化；有的档案馆则同时开展两项工作，以提高档案数字化和信息化的效率和质量。不管采用哪种方式，档案信息化的最终目标是实现档案的信息化统筹管理，为档案工作者和利用者提供便捷的服务，为档案资源的社会化利用和信息共享打下坚实基础。

二、档案目录与全文一体化管理

档案全文有两方面含义：一方面指数字化的馆藏档案内容，包括照片、纸质档案、数字化形成的图片、磁带和录像带处理而成的多媒体文件等；另一方面指不同机构通过信息系统及自动化办公系统等所生成的电子文件归档后所形成的数字档案信息。全文信息指的是档案文件的内容实体，而档案目录只是对档案信息的介绍和概括。相较起来，档案全文的信息更加完整、准确。

档案信息数字化的优势在于检索迅速，使用便捷，这也是档案馆耗费大量时间和资源进行馆藏档案信息数字化及数字信息收集工作的原因。同时，档案信息数字化也有助于我们对珍贵但使用频率较高的历史档案进行保护。

对于信息化管理，目录与全文一体化管理的效率更高。它的原理在于首先通过目录查询缩小范围，随后查询全文，以确保精准查找所需档案。最常见的实现方式是利用关联型数据库实现档案目录与全文的统一管理，将电子文件档案存储在相应的服务器上，并通过访问规则将目录信息和文件对象关联。用户在通过检索获取到目录信息时就能同时获得浏览和检索全文的途径。不过在信息系统中，管理人员还要重视对用户权限的限制。

为了在系统中实现目录与全文的关联性归档，档案管理工作者要逐渐改变自己的工作模式和方法，以档案使用者的需求为出发点进行工作。因此，档案管理工作者要深入分析档案的使用范围、价值和特征，同时要按照档案管理原则与标准来实现数字化档案的及时归档。这样，我们才能在数字档案形成的整个过程中贯彻“目录与全文关联归档”的理念，实现对部门数字档案的即时归档。在网络平台上进行指导、鉴定、归档和管理工作，是档案馆工作人员运用先进管理手段的重要表现。在档案管理工作中，用户的需求是重要的工作指导。对此，档案管理工作者要及时改变自己的工作理念与方式，变被动为主动，让自己的馆藏档案信息变得更加有价值。

三、档案工作的“双轨制”

在档案工作中，“双轨制”就是指在整个工作流程中纸质文件和电子文件并存，文件信息要以两种不同的载体形式伴随着办公业务流程而流转，共同参与文件的归档及档案管理的后续工作。

若机构实行“双轨制”，那么在文件生成和流转的过程中，文件将同时以电子和纸质两种介质存在，经办人员需同时处理版本相同的两个文件。从这个角度来看，“双轨制”的要点在于从记录各种社会活动信息的文件生成时就使用两种不同的载体形式。那些记录若有保存的必要，将被视为档案，并列入归档记录，纸质版本和电子版本均会移交至档案馆。在各个行业开展信息化应用的初级阶段，为实现完全的“双轨制”采取一定的保障措施是必要的。我国在《中华人民共和国电子签名法》尚未发布之前，由于电子文件在法律上的有效性无法保障，因此电子文件屡屡出现造假、丢失、泄露等事件。《中华人民共和国电子签名法》于 2004 年 8 月 28 日第十届全国人民代表大会常务委员会第十一次会议通过，随后于 2005 年 4 月 1 日正式生效。此后，该法进行了两次修正，第一次修正于 2015 年 4 月 24 日进行，第二次修正则是在 2019 年 4 月 23 日进行的。电子签名在法律上已经受到保护，并且其法律效力与手写签字或盖章相当，同时，电子文件也拥有与书面文件同等的法律效力。随着网络环境的不断完善，以及数字签名和身份认证技术的不断发展，电子文件生成的各个流程逐渐规范化，使得文件能够保持原始性、可读性、完整性、有效性，无纸化办公也成为可能。进入 21 世纪，人们开始大力发展无纸化办公，利用信息化办公系统实现高效率、科学化、规范化和自动化的管理。因此，在文件流转的过程中，“双轨制”是否还有必要实现成为众多学者讨论的焦点。

虽然网络和电子环境本身就有安全性不足、技术更新换代快、容易被淘汰等劣势，但是大部分时候，新技术和设备通常能够兼容老版本，或者提供给用户数据转移的方法，从而保证原本的数据不至于丢失或废弃。

实现档案工作的“双轨制”很困难，需要耗费大量人力和其他资源，而且电子文件形成的管理也十分复杂。因此，根据我国档案工作的实际进展，很多单位采取了个性化的管理方式——“双套归档”。“双套归档”一是将办公过程中形成的需要归档的电子文件打印出纸质版，与电子文档共同交予档案部门保管；二是对于纸质文件，经过一定的方式将其转化成电子文档，从而形成相应的电子拷贝文件。电子文档的主要作用是方便用户通过系统检索和调取；纸质档案的主要作用是便于永久性保存。除此之外，也有单位利用缩微技术实现对档案的保存。虽然这种档案管理方式让档案接收和管理工作变得更加复杂，也让档案管理和保存变得更加耗费资源，但是目前它依然是最合适的工作方式。尽管随着档案管理工作的进一步发展，在档案形成和管理过程中，纸质档案的比例将逐渐减少，但是纸质档案依然会在很长一段时间内作为档案馆馆藏的重要资源。

第二节　文件档案一体化管理

一、文件档案一体化管理思路

（一）管理过程的互动性

文档一体化的核心优势在于实现了现行业务系统与档案工作的有效对接。这样既能让档案工作者从文件产生之初就能开始文件的鉴定、归档和管理工作，从而在这一过程中加强对档案信息资源的积累；又能让能够参与现行业务活动的工作人员加强对档案的认知。工作人员不仅要明白，只有将具有一定价值的文档完整地移交给档案管理部门，自己的工作才算完成；同时还要明白，在自己的工作中要承担起相应的工作责任，重视对档案信息资源的积累，并将电子文件的生成和流转过程中的重要信息记录下来，从而保证电子文件完整、真实、有效。互动性这一思路表明，在实际工作中，文件形成和档案管理工作人员要增强沟通意识，这样才能进一步保证电子档案形成的完整和真实。

（二）应用系统的一致性

要实现文档一体化管理，就需要保证文件和档案能在统一的管理信息系统中进行管理，这一系统运行的基础是网络、服务器和数据库管理的同构性，两种不同性质的文件必须统一数据格式。不过，不同工作系统的工作人员在系统内的权限是不同的。在文件形成和处理的不同阶段，业务部门具备对文件增加、修改、删除等操作权限，而档案部门仅限于浏览和查看文件的权限。现行业务完成之后，文件则需进行归档，此时各部门文件整理人员要对电子文件进行筛选和整理，由档案部门人员进行审查和指导。当电子文件成为档案信息后，档案工作者就要开始对这些档案进行管理，便于以后为相关单位和个人提供信息服务。在具备应用系统一致性的基础上，文件能够自动转化成档案的规范格式，从而避免了数据的转换和迁移，确保了文件信息的真实和完整。此外，实现应用系统的一致性还可以让相关工作人员的工作变得简单，从而减少错误的出现。

（三）工作流程的集成性

文档一体化是一种将文件和档案的管理流程统一起来的方法，它要求文件和档案集中在同一个系统中进行管理，其控制中心、工作制度和工作程序都要统一，但是两者的工作系统又必须保持各自的工作特色，将档案的各项工作贯穿在文件的各个环节中，从而实现文件和档案的全生命周期管理。文档一体化与传统的文件管理过程不同，传统的文件管理过程将文件的生命周期分为现行期、半现行期和非现行期三个阶段，并由不同的部门在不同的物理位置完成各自的职责。文档一体化则将文件和档案的管理过程集成在一起，使得文件从形成到保存或销毁期间的各个环节都能在同一系统中进行管理，实现信息的共享和流程的优化。文档一体化还能针对文件的特征和工作要求形成最适合的工作流程，从而实现对文件的个性化管理，提高档案管理工作效率，降低档案接收和保管工作的困难程度，减少工作中出现的问题和错误，避免信息的重复录入和不一致性。

（四）业务处理的自动性

文档一体化能在数字化的工作环境中，利用信息技术和工作流程管理的方法，实现信息系统的自动化，提高工作效率和质量。文档一体化的信息系统可以在业务处理过程中自动完成一些技术性的操作，如电子文件的版本控制、责任链追踪、电子档案的自动标引等。这些操作都是在系统验证用户身份后自动执行并记录的，因此可以保证电子文件在整个生命周期中的真实性和完整性。这是一种基于信任的网络、计算机和信息系统的工作模式，能够有效地减少错误和人工干预。

（五）归档工作的及时性

随着文档一体化应用系统的普及，档案工作人员的工作也变得越来越便捷，在归档范围内，他们可以随时管理已经完成现行期任务的文件，并据此提供其他信息服务。当电子文件的形成单位确定该文件不再具有现行期的历史价值时，档案工作者就能将其及时归档、鉴定，从而减少文件丢失、泄密和归档滞后等问题。

（六）安全管理的有效性

文档一体化的优势在于，它能够将电子文件的归档过程变得高效、便捷，提升其自动化水平；同时，它也能够实现电子档案原始文件和档案目录数据的同步管理，降低人为因素对文档真实性的影响，这不仅能够提升工作效率，还能让整个归档过程更加规范和安全。对于网络和信息系统可能带来的安全风险，我们可以运用各种现代技术手段进行有效的控制。事实上，据权威机构统计，70% 的信息安全事件来自管理上的漏洞，采用自动化手段执法比靠人工执法的安全性要高。①

二、文档一体化实现方法

（一）文档一体化系统业务流程

在实际工作过程中，文档管理工作相对较为复杂，文档管理工作者会将具有保存价值的文件经过一系列的处理后移交给档案部门，从而形成电子档案。

（二）文档一体化系统功能结构

1．收文管理

收文管理就是将上级公文、平级来文等文件进行电子化处理和记载，便于使用者在信息系统中根据日期、急缓等关键字段来迅速检索相关文件并进行处理。这项功能主要包括收文登记、收文流转、文件催办、流程监控、文件发布等过程。

2．发文管理

发文管理指的是对内部形成或外部引用的文件进行处理与转发的过程。电子文件草稿形成后，各级主办人员和会签部门人员进行审核与修改，然后由领导正式签署形成公文，最后进行登记与归档。

3．归档管理

电子文件归档一般有两种形式。第一，利用内部网络系统中的电子公文传输系统进行文件传输，实现自动归档，这一过程能实现电子文件管理权的移交，让电子文件自动归档为档案文件。在这种情况下，业务人员有查询电子文档的权限，但无法对其进行修改。第二，档案文件形成部门将纸质档案移交至档案馆，同时将相关电子文件载体，如光盘等交给档案馆。

4．档案管理

相关工作人员要严格遵守国家相关法律法规来进行档案的收集、整理、移交、

① 黄亚军，韩国峰，韩玉红．现代档案信息化管理与建设研究[M]．长春：吉林人民出版社，2021．

审核、保管、查询和统计等工作，并利用这些资源做好档案服务提供工作。档案资源的形成机构可以建立档案信息资源库并对档案信息进行分类，根据档案时间、归属部门等特征建立检索机制，为用户提供便捷的查询和使用服务。

（三）电子文档归档的真实性保障

电子文档归档过程包括数字化档案的形成、归档、管理和利用四个阶段。在不同的阶段，工作人员需要通过一定的方法来保证档案信息的真实性。

三、文档一体化深化应用的要求

（一）提高认识、统一思想

文档一体化管理的核心是将分散在不同机构的文件与档案融合成一个整体来管理。这种管理形式不仅可以提高档案部门对文件管理的前瞻性控制，保证档案自身的真实性和有效性，还能减少工作量，节约资源与时间，实现文档数据的重复使用。文档一体化管理是档案工作的重要方面，它要求档案工作者，特别是档案部门的领导要对其形成全面、科学的认知，整个部门也必须在此方面达成共识，正确理解文档一体化在档案管理工作中的意义，充分明白在新形势下文档一体化的意义与价值。现代档案工作者必须明白这是时代对自己的要求。唯有如此才能将文档一体化管理工作推进下去，形成工作的主动性，不惧挑战和困难，逐步实现文档一体化管理。

（二）加强标准化与规范化

文档一体化管理的目标是把电子文件和电子档案的管理工作紧密地结合起来，形成有机整体，实现对文件全过程的统一安排和控制。文件管理和档案管理是相互衔接的，文件管理的水平直接影响档案管理的效果，如果文件管理无法标准化、规范化，那么档案管理也必将杂乱无章，后续的档案管理也会受到严重影响，这会降低综合管理信息系统的总体功能与性能。

（三）加强培训和继续教育

在文档一体化管理的工作理念下，档案管理者不仅要掌握档案学的基础知识及专业的工作技能，还要掌握现代化档案管理技术，熟练使用计算机和现代通信设备，掌握网络化管理信息系统的操作。这就要求档案工作者需要不断根据档案管理工作的变化来改变自己的知识结构，提高自己的工作能力及综合素质。

第三节　档案资源多元化利用

一、档案资源的社会化利用

在信息社会和知识型社会迅速发展的21世纪，在档案信息化建设与发展的众多方面，无论是技术手段，还是信息资源的有效积累和广泛利用，都必将以档案信息资源的整合、集成、共享利用作为出发点和落脚点，以传承人类文明、共享信息资源，实现社会的可持续健康发展。

（一）档案资源的知识化累积

档案是以个体知识—组织知识—社会知识的转化为过程的文化沉淀，是历史变迁的动态记录，是人类社会的知识化动增长和社会化自适应的不断发展成果。档案的形成包括收集、鉴定、整理和归档等环节，档案的开发与利用包括编研、开放、发布和利用等环节。这两个过程相辅相成、互为驱动，形成了一个循环更新、创新发展的过程模型，在这个过程中，档案资源形成了“传承—积累—发展—再传承”的生长过程，并不断得到丰富。随着人类的不断繁衍与发展，档案成为民族文化源源不断、生生不息传承的链条。

（二）档案资源的共享化利用

社会信息化使档案信息资源面临着一个全新的生存环境与发展空间。美国档案学者杰拉尔德·汉姆先生曾指出，档案应该记载“人类生活的方方面面”，档案工作者要“创造一个反映普通百姓生活喜好、需求的全新的文献材料世界”，档案馆藏是反映“人类生活的广阔领地”。因此，档案资源唯有回归社会，得到最大限度的利用，才能体现档案保管的价值和作用。事实告诉我们，实现档案信息资源的集成化管理和共享化利用是档案贴近公众、服务社会的最佳解决方案。①

对于档案信息资源的共享和利用，档案基础数据库的建设是关键环节。因此，档案馆要重视基础工作的开展，如档案基础数据库的建设方法、档案基础数据库

① 何永明．浅谈大数据背景下高校档案信息资源的开发与利用[J]．兰台内外，2017（2）：27–28.

的建设标准、档案数字化规范、数字档案信息的存储和利用、检索服务的提供和共享机制的建设等。

（三）档案信息服务机制变革

随着信息化不断在各行各业展开，档案馆信息化应用也逐渐得到重视和发展，向着更深更广的领域进发。档案信息服务的方式也逐渐变得多元和新颖。

1．服务方式由被动向主动转变

档案馆要改变自己的服务方式，化被动为主动。在传统档案工作中，工作人员习惯等待用户上门咨询。但是随着信息时代的到来，档案价值的挖掘不断得到重视，传统档案信息服务方式使得档案信息的价值无法完全表现，阻挡了档案价值的多渠道发挥。因此档案服务主动化的改革很有必要。但是因为档案信息的特殊性，送货上门的服务方式显然不合适，更不符合我国相关法律的规定。基于此，我国档案馆信息服务的方式应该定位为“请客入门”。

2．服务手段由传统型向现代化转变

档案信息服务手段的变革与信息技术、数据库技术等的不断发展密切相关。为了适应档案管理现代化的要求，我国档案馆应该借助数字化综合管理信息系统，将不同载体和不同地域的档案信息资源以数字化的方式存储与整合，并基于对象管理模式进行组织和管理，通过网络形式进行连接，从而实现档案信息资源的及时利用和共享。受到经济和技术条件的限制，我国档案管理手段仍需长时间的转变才能逐渐满足时代的要求。在这个过程中，传统档案信息服务的技术和手段必然将受到严格的考验，淘汰落后的内容；档案信息服务也将有新的信息传播和循环方式。

3．服务内容由单一型向多元化转变

档案馆要扩展自己的信息服务资源，借助网络信息等相关技术与其他档案馆和信息机构达成信息共享和合作，并努力通过高新技术借助整个社会的信息资源来丰富自己的信息服务。此外，档案馆还要丰富自己服务的内容，如提供档案信息资源导航、档案信息数字化的开发、数字档案信息资源的利用、数字化档案信息使用培训等。例如，在培训方面，档案馆不仅要帮助使用者掌握传统档案检索和获取方式，还要帮助他们掌握档案信息数据库的使用诀窍，同时培养他们通过互联网获取数字信息资源、操作远程通信软件与系统交互的能力。相对于一般的文献信息，档案信息在采集方式、组织方式和检索方式等方面具有更为复杂、更为多样化、技术含量相对较高、要求使用者有一定的信息能力等特点。不过，目前我国能够熟练掌握档案信息使用技巧的人并不多，因此档案馆有必要为使用者提供关于信息检索、筛选和获取等能力的培养服务。

4. 档案资源由封闭向开放转变

在网络环境下，档案馆信息资源的建设已不能仅局限于本馆馆藏资源，从其他渠道获取信息资源及为用户提供档案信息也成了这项工作的重要指标。因此，档案馆既要重视对本馆馆藏资源的开发和利用，更要掌握通过网络检索来利用其他馆的资源和网络资源，并在此基础上建立现代化的档案管理系统，通过计算机网络实现信息资源的高效使用，深入挖掘档案信息的价值，为社会提供更好的档案服务。不过这一转变过程需要逐渐完成，从单机服务系统到档案管理信息系统的建成，并与其他档案馆或信息机构联合，再到进入国际互联网，实现更大范围的资源共享。从我国现实情况来看，这将是一个长远的过程，然而这也必将是档案馆信息服务发展的终极目标。

5. 档案资源由单一型向多类型转变

传统档案馆的资源只有纸质档案，其信息服务建立在馆藏纸质档案之上，比较单一。而在网络环境下，档案馆必须追求综合信息服务改革，服务资源的载体形式要不断丰富，如电子文档、多媒体文件等，尤其要重视馆藏资源的数字化工作，丰富数字化资源。网络环境下的数字档案馆所拥有的完整的馆藏含义应该是“物理实体馆藏＋数字化馆藏”。

在档案信息数据库的建设工作中，我国档案馆必须承担如下责任：第一，在保护和留存传统档案文献的基础上对馆藏资源进行数字化处理，把握好文献保存和文献数字化之间的平衡；第二，重视各馆独特文献资源的数字化，将其转化成能在网上传播的数字化资源或便于存储和传播的光盘，从而丰富各馆的网上资源信息，为档案信息网络建设打下坚实基础。

二、馆藏档案的数字化应用

为了满足社会各界对档案资源网络化利用和档案管理信息化发展的多样化需求，现代档案管理工作必须向着数字化转变，建设馆藏档案数字化应用系统也变得尤为重要。对如今的档案工作者来说，档案数字化应用系统的建设工作也是档案管理工作迈入新阶段所面临的重要挑战，工作人员必须认识到这项工作的重要性和必要性，并研究档案数字化应用系统建设的方法和语言策略，从实践做起，不断推进馆藏档案数字化应用系统建设工作，并开发数字档案资源和系统的运用方式和方法，提高档案利用效率。

（一）馆藏档案数字化的意义和任务

中共中央办公厅、国务院办公厅联合发布的《关于加强信息资源开发利用工作的若干意见》中明确指出："各级党委和政府必须担负起加强信息资源开发利用工作的重要责任，采取有效措施，抓紧解决工作中存在的问题，不断提高信息资源开发利用水平。"在现代档案管理工作中，档案信息资源的开发与利用是核心内容。档案不仅仅是独特的文化资源，也是国家信息资源的重要组成部分。因此，开发档案资源，不断寻找其利用价值和方式，有助于社会发展和人类文明的建设。馆藏档案数字化工作主要包括档案内容的数字化和传统载体档案目录的数字化。这样可以提高档案的保存和检索效率，扩大档案的利用范围，增强档案的社会功能。

（二）馆藏档案数字化的思路与方法

1. 做好馆藏档案数字化的前期基础工作

在开始数字化工作之前，工作人员要做好规划，如分析哪些档案需要数字化、使用什么方法开展数字化工作、需要使用什么设备等。此外，工作人员还要做好准备工作，保证馆藏档案数字化工作的顺利进行。

（1）做好可行性论证

在建设馆藏档案数字化系统之前，要综合考虑档案利用者的需求、资金的投入、工作人员的素质、设备的配置、馆内资源与系统信息化的水平等各方面的条件，要充分认识和掌握馆藏档案数字化系统建设的技术难度和规范要求，要做好系统建设的可行性分析，确保系统建设能够顺利完成，确保数字化档案能够有效地发挥作用，取得实际效果。

（2）选择数字化加工方式

档案数字化是一种现代化的技术手段，用于保护和利用档案资源。但是很多现有档案工作者习惯了传统的档案管理工作方式，档案数字化对他们而言是一种挑战和转变。因此，在数字化工作开始之前，我们必须提前制定好馆藏档案数字化系统的规划与建设方案，明确系统建设的各个阶段的目标和任务，确定哪些档案需要进行数字化处理，以及如何对数字化处理的安全性、进度、质量和成本进行控制，明确能够使用哪种方式来达到控制的目的。同时，我们还要考虑如何将数字化后的档案信息融入现有的计算机信息系统，实现信息和管理的集成，如何利用数字化信息和系统提高信息管理和服务质量，以及如何实现档案信息的备份和长期保存等问题。这些问题都需要档案工作人员和数字化协作人员先达成一致意见，然后开始实施。如果没有明确的方案和共识，就开始数字化加工，那么只会造成工作效率低下、效果不理想、安全隐患大等问题，甚至可能导致项目失败。

（3）筹备和落实资金

档案馆要实现档案的数字化加工需要大量的人力资源，仅靠档案馆工作人员很难完成，因此还需要借助商业化或外包的方式。此外，为了提供档案信息服务，还要购置网络化存储设备；为了防止数据丢失，还要购置各种存储介质进行数据备份；为了保证加工过程的安全，还要购置监控设施和扫描设备。在系统成功运行后，还要雇用系统管理和数据管理人员进行运行和维护工作。建立馆藏档案数字化应用系统需要的资金大概包括以下几个部分：扫描并进行全文数字化加工的费用；数据发布系统的购买费用，包括全文检索、模糊检索、多分类系统、图文关联、元数据编辑器等功能；购买服务器的费用；进行馆内人员培训、引进网络管理员和系统管理员等费用。因此，在进行馆藏档案数字化之前，应在资金准备上给予充分重视。

2．确定数字化加工的协作模式

档案信息的数字化工作包括两个步骤：预加工和深加工。预加工是指将实体档案，如纸质档案等转换为电子图像文件的过程，这个过程无法将纸质档案上的文字信息加工成符合要求的内容。深加工是通过 OCR 或语音识别等高技术手段将实体档案中的文字信息转化为电子信息的过程，能够为之后在使用过程中的全文检索提供方便。

3．保障数字化档案信息的真实性

在馆藏档案信息数字化工作中，档案馆必须保证信息的真实性和完整性。这项工作的重心要放在实体档案数字化过程和档案目录数字化工作上。

（1）扫描加工过程中的真实性保障

在馆藏档案信息数字化及数字档案信息管理和利用的全过程中，档案馆必须制定相应的制度保障档案信息的真实性。在不同的工作阶段，相应的安全保障措施重点也不完全相同。

（2）数字化档案目录信息的真实性保障

数字化档案目录信息通常在数据库文件中进行存储。其安全性和真实性是决定其价值的核心。数据库自身管理系统的能力决定了数字化档案目录信息的安全性，其真实性则由档案管理人员自身的素质决定，档案管理人员必须严格遵照相关法律和制度来管理档案信息，才能保证数字化档案目录信息的真实性。数字化档案目录信息是档案管理人员根据档案原件提取出来的，或者是电子文件自动归档时按照预设规则生成的，它们是对原档案的核心内容进行描述的元数据信息。但它们并不具有档案原件的凭证性作用，其主要作用是便于管理和检索，并且在后续的档案管理工作中，数字化档案目录信息可能会发生一定的变化。

4. 加强数字化档案信息的整合与集成

在实现馆藏档案数字化并将电子文档完成归档之后，便形成了很多数字化档案信息。但是如果仅仅将档案信息存储在光盘或磁盘中而不加以利用或优化服务系统，那么这项工作就是毫无意义的。馆藏档案数字化的最终目的是更好地为用户提供信息服务。一些档案馆在开展数字化之前就使用了档案管理信息系统来管理档案的目录信息并在馆内提供档案目录信息的检索服务；也有一些档案馆在开展数字化的同时建立起电子文件归档系统，收集电子文件并整理其目录信息；还有一些档案馆将馆藏档案数字化作为档案信息化的启动工程。但无论是哪种情况都需要处理好当前档案馆面临的电子文件归档、馆藏档案数字化和对传统载体档案管理的业务关系，将这三项主要工作形成的数字化档案目录信息和档案内容对象实行同步管理，对于电子档案有纸质备份的或纸质档案有数字化拷贝的，都需要做关联处理，做到同一档案内容的一致性管理。否则，在档案馆分别建立电子文件管理系统、馆藏档案数字化管理系统、纸质档案管理系统，必然会造成系统间数据重复，甚至不一致的后果，从而增加管理的复杂程度。

5. 保障数字化档案信息的存储安全

在档案信息化应用的过程中，安全管理是非常重要的，保障数字档案信息的安全也是档案信息管理与服务的基础。档案本身的价值和档案管理工作的特点决定了档案安全管理十分重要。档案信息化建设要兼顾系统和资源各方面的安全问题，如电子环境、应用系统和档案数据存储等；与此同时，还要平衡方便、高效使用与安全管理之间的比重与关系。如果因为过分重视安全而使档案管理信息系统的实用性下降，导致服务不够便捷，就会影响档案信息化工作的成效。在存储安全方面，数字化档案网络存储系统要保证系统能够自动备份资源，这就需要系统使用专用服务器和数据库管理系统，还要配备完善的备份作业计划并具备能够安全执行计划的设备，如光盘库、磁盘阵列等，备份数据必须能够迁移、能够进行便捷的数据恢复操作。与此同时，为了进一步保障数据的安全，也要使用安全介质备份，如定期刻录或复制备份信息，并将其存储在不同的地方。

6. 确保数字化档案信息的方便利用

馆藏档案数字化的根本目的是方便利用，如果将数字化后的图像刻录成光盘存放在库房中，与纸质档案采用同样的管理方式，那么数字化的效果就很难体现出来。只有真正将档案的数字信息放在网络环境中，提供网络化的高效服务，才能确保投资有收益。

第五章　事业单位档案管理信息化创新

随着信息化时代的到来，创新成为时代的主旋律，成为各行各业的追求目标。事业单位要想获得更好的发展，为人民提供更优质的服务，就必须具有创新意识，事业单位档案管理部门也是如此。

事业单位档案管理部门需要不断进行创新，以适应信息化时代的要求，要建立和完善新的管理系统，树立新的档案管理观念。本章就事业单位档案管理信息化创新进行介绍，对源头档案、项目档案、文化档案管理方面的创新，以及事业单位档案全过程管理进行讲解。

下面以工程项目档案为例，介绍事业单位档案管理的信息化创新工作。

第一节　源头档案管理创新

事业单位档案的收集需要从源头做起。那么，事业单位该如何收集、管理源头档案呢？可以运用最新的档案管理理念，创新源头档案收集方式，创新源头档案管理制度的建设，并对其考核检查制度进行强化，做好项目结项的档案收集和整理工作。

一、创新源头档案管理观念

“九层之台，起于累土。”这句话说明基础的重要性，而对事业单位档案管理工作来说，其基础是事业单位档案的收集，因此可以从事业单位档案的源头开始创新，创新源头档案管理观念具体可以从以下几个方面开始着手。

首先，事业单位档案管理部门需要和事业单位各个部门保持紧密的联系，尤其是项目实施部门，这样才能随时把握事业单位的生产经营情况和项目进展情况，尽可能较为全面地收集档案材料。

其次，事业单位档案管理部门需要和事业单位其他项目相关部门或其他事业单位经常联系、不断沟通，从多个角度了解事业单位的运行状况，掌握事业单位各项目的具体进展情况和相关动态。

最后，事业单位档案管理部门需要对事业单位各个项目进行全方位监管，利用科学的前端控制系统理论和手段对事业单位各个项目进行监督，保证相关的各个项目档案全部纳入事业单位档案管理系统。

所谓前端控制系统理论和手段，是指在电子文件从形成到归档的整个过程中，根据文件的生命周期理论，遵循全程控制原则，对电子文件进行统一规划，将预先设定的监控功能和档案管理功能嵌入各个业务系统，对文件和档案工作的业务流程进行重组，从而有效地对文件的形成和维护进行管理，实现电子文件的超前控制和全过程管理。这有助于事业单位档案在管理系统中有条理地进行排列，可以在事业单位进行查询时，方便、快捷、高效地为事业单位提供档案服务，提高事业单位的工作效率，并实现事业单位进一步发展。

二、创新源头档案收集方式

事业单位档案收集工作看似简单、杂乱，其实有迹可循。需要事业单位档案管理部门按照档案形成的规律，将分散在各个地方的材料收集起来，最终形成事业单位档案。对事业单位档案来说，档案收集是事业单位档案建立的起点，没有文件收集，档案管理就无从谈起。创新源头档案收集方式可以从以下几个方面着手。

第一，档案收集观念社会化。随着时代的发展，事业单位档案在事业单位中的地位越来越重要，事业单位档案的收集，不仅仅是事业单位档案管理部门的事情，还涉及各个业务部门的人员，只有越来越多的人有意识地收集事业单位档案，才能收集到全面、高质量的事业单位档案，因此需要全体事业单位工作人员转变档案收集观念。

第二，档案收集工作制度化。传统的档案收集工作，仅仅是由事业单位档案工作人员负责进行的，效率低且职责不明确。随着国家对档案工作的法律法规的颁布，事业单位应该明确档案工作人员的职责，制定具体的规章制度，结合工作岗位明确其收集范围，使各个部门的工作人员掌握档案资料的收集方式和方法，配合事业单位档案管理部门的档案收集工作。同时，制定相应的奖罚制度、行为规范，从制度上为事业单位档案收集工作提供保障。

第三，档案收集方式网络化。随着信息时代的到来，事业单位档案管理网络逐渐形成。事业单位档案工作人员可以通过网络便捷地收集到各种类型的档案资料，从而做到“眼观六路，耳听八方”，更好地收集源头档案。

第四，档案收集行为主动化。档案工作人员不能只坐在办公室里“闭门造车”，还需要走出档案室，主动与外界进行联系，扩大事业单位档案收集范围，和事业单位各个部门进行沟通交流，主动收集应该归档的事业单位档案，及时、完整地收集事业单位档案材料，发挥出事业单位档案的真正价值。

三、创新源头档案管理制度

事业单位要想获得长久的发展，就需要有稳定的结构，这离不开规范的制度和科学的管理体制。同样，事业单位档案管理要想获得长久发展，就需要制定科学、标准的制度规范，通过完善已有的规章制度，对事业单位源头档案的管理制度进行创新，建立具有针对性的源头档案管理制度。

事业单位在进行各种职能活动时会产生大量的档案，为了加强对这些源头档案的管理，需要制定各种规范的规章制度。以工程项目档案为例，事业单位在工程实施之前，为了做好工程项目档案的收集登记、归档条件、审核校对等工作需要制定相应的档案管理制度和实施准则，将工程部的项目档案纳入项目负责人责任制，加强对事业单位工程项目档案的管理，这有助于事业单位档案管理部门在分散凌乱的源头档案中收集工程项目档案，使其进行统一集中管理，从而实现“三纳入”“四参加”管理，使事业单位工程项目档案管理及其工作程序更具规范性。何谓“三纳入”“四参加”管理？所谓“三纳入”，是指将事业单位档案文件的形成、积累、整理、归档工作纳入事业单位领导议事日程和事业单位职工的经济责任制、岗位责任制。“四参加”是指事业单位档案管理工作人员需要参加产品定型会、科研课题鉴定会、设备开箱验收会、基建工程竣工验收会。

四、创新源头档案考核检查制度

现阶段，部分事业单位并不重视事业单位档案管理工作，事业单位档案管理部门的人员配置相对不足，不能为事业单位的发展发挥出事业单位档案相应的价值，无法做出更大的贡献。但实际上，事业单位档案工作人员有极其重要的作用。例如，在事业单位文件形成后，该文件所在部门工作人员并不知道是否应该将其纳入事业单位档案的范围，这时就需要事业单位档案工作人员对其进行指导。

（一）建立源头档案考核检查制度的方法

在对源头档案进行管理时，需要确保有专业的档案工作人员参与事业单位工程项目的活动，并对项目档案管理工作进行监督和指导，建立相应的源头档案考核检查制度，具体可以从以下几个方面进行。

第一，确保档案工作人员到达工程项目的现场，确立相应的档案工作现场驻点制度，事业单位档案工作人员可以对项目档案进行监督和指导，使档案的收集、整理过程流畅。

第二，保证档案工作人员参加项目部的重大会议和小型的项目推进例会，以保证档案工作人员可以掌握项目的进度和具体情况。

第三，和项目相关的部门建立工程项目监督组，对工程项目进行定期或不定期考核和检查。

第四，建立源头档案考核检查制度，对发现的档案管理问题，明确负责人的责任，并发出整改通告，确保工程项目可以高质量、高效率地结项。

（二）贯彻落实档案考核检查制度的方法

通过建立档案考核检查制度，可以在实际工作中有效地推动各工程项目档案考核工作的开展，这要求各项目领导高度重视制度的执行力度。为了贯彻落实事业单位档案考核检查制度，可以遵循以下方法。

第一，在出台考核检查制度之前，和相关的工作人员进行沟通协商。考核检查制度的考核对象是事业单位职工，因此在建立制度之前，需要广泛征集工程项目相关人员的建议和意见，在了解相关人员需求的基础上，制定考核检查制度，使考核检查具有实际操作性，减少执行的阻力。同时，征集建议和意见的过程还可以起到宣传考核检查制度的作用，营造良好的执行氛围。

第二，在事业单位国家级工程项目开展实施之前，事业单位应和工程项目负责人围绕项目档案考核检查制度的问题召开专门会议，强调档案考核检查制度的重要性，使该工程项目负责人高度重视档案考核检查制度，这有利于各项目负责人思想统一，从而实现档案考核检查制度的顺利制定，并推动贯彻该制度的执行。

第三，在项目内部，各项目负责人应加强对档案考核检查制度的监督和领导，将档案考核检查制度下发到下级单位，让所有与项目相关的工作人员时刻保持档案考核检查的思想意识，在工作中主动收集档案材料，自觉接受档案工作人员的指导，推动工程项目档案的收集和考核工作。

五、创新源头档案归档方式

当事业单位档案管理部门完成收集源头档案工作之后，需要对这些源头档案进行验收、归档，这关系到事业单位档案的最终质量。归档工作并不是一件简单的事情，需要事业单位档案工作人员付出时间和精力，还要遵循一定的归档程序。

为方便源头档案归档工作的顺利进行，需要创新归档方式，可以从以下几个方面进行。

第一，为保证事业单位档案的归档质量，可以适当延迟归档时间，并对项目工程进行监督审查。在事业单位开展重大项目的建设过程中，由于工程建设的周期较长，很多事业单位档案材料无法及时归档，因此需要采取必要的延迟履行金手段，建立相应的考核审查制度，从程序和制度方面着手，确保事业单位工程项目档案的完整性，使归档工作可以顺利进行。这些规章制度有很多，分别从不同的方面规定了事业单位工程项目档案的归档和验收要求，常见的有项目期进度考核审查制度、结项档案履约保证金结算考察审核制度、档案项目结项验收延迟履行金考核制度、工程项目进展及工程项目经理部定期考察审核制度等几种制度。

第二，对不合格的项目档案进行管理和指导。如果事业单位档案工作人员在验收项目档案时，发现项目档案有遗漏、欠缺，那么事业单位档案管理部门可以不签字，不进行盖章验收。如果最终验收的结果是合格的，但在项目结项时间上不配合，那么可以按照规定扣除延迟履行金。同时，对该工程项目档案进行指导，确保事业单位档案的完整性。

第三，强化信息化建设。事业单位的档案归档工作十分烦琐，很多档案文件必须经过整理才能归档，其归档效率一直不高。为了提高事业单位档案归档效率，可以加强事业单位的信息化建设，将资料以数字档案的方式存储归档，这极大地方便了事业单位档案管理部门的工作，提高了事业单位档案的归档效率。

第二节　项目档案管理创新

事业单位承接的工程项目或其他类型的项目往往涉及很多方面，影响范围很广，和外界关联性较高。因此，对事业单位而言，工程项目的建设具有重要的战略意义，可以对事业单位产生深远的影响。

一、创新项目档案管理机制

事业单位工程项目档案中包含着大量的文件材料，从项目立项到项目验收会经历诸多环节，如设计、施工、监理等，在这些环节运行的过程中，会形成各类档案。这些档案不仅是整个工程项目的真实记录，还是项目运行、维护和管理的重要依据。

和其他类型的文件不同，项目文件具备全面而真实、准确而完整的特点，项目档案的建立必须符合相应的法律法规。无论是项目设计阶段还是项目验收阶段，其产生的文档资料，必须严格按照相关的规定进行收集、整理、归档、立卷等工作，对失职的单位和人员要依法严肃处理。

（一）建立事业单位项目档案收集、归档制度

第一，根据相关的规定，明确事业单位项目档案负责人，由其对在项目过程中产生的文件材料负责。在事业单位和其他单位签订合同时，需要在合同中提出在档案管理方面的要求，包括提交的档案的内容、数量、要求和违约责任等，从法律的角度保证项目档案的顺利收集和归档。

第二，对涉及引进技术和装备的项目，档案工作人员需要进行开箱验收，严格按照相关的程序和步骤进行，即档案材料需要先向档案管理部门移交，如果确定需要使用，那么可以通过办理借阅的方式使用，通过这样的方式可以确保项目档案材料的准确性和完整性，不易出现差错。

第三，如果事业单位承接或开展的项目涉及建设工程项目，那么在进行档案收集工作时，要格外注意收集工程质量检查、工程变更等方面的材料，按照国家规定对竣工图纸进行编制。当工程项目竣工时，其工地现场的档案专员需要按照要求做好档案材料分类工作，及时向档案管理部门移交，进行归档和立卷工作。

（二）对项目涉及单位的制度要求

在事业单位项目档案中，国家级特大型建设和改造工程项目的档案是重点，往往涉及很多法律法规，事业单位档案管理部门需要对这类项目档案重点管理和监督。在项目建设过程中，事业单位档案管理部门可以要求项目单位及时填报事业单位工程项目档案资料管理情况登记表，通过这种方式不仅可以督促项目承办单位做好档案工作，还可以及时掌握项目进度和具体的档案管理情况，做好监督和服务工作。

同时，事业单位档案管理部门及其相应的项目主管部门要深入施工现场，在

第一现场获得最原始、最真实的档案资料，对工程项目档案的建立加强指导，提供相应的档案服务。

二、创新项目档案管理系统

随着社会经济的发展和科技的进步，事业单位档案管理逐渐形成新的管理观念，并出现了事业单位项目档案管理系统。事业单位应该积极引入和建设项目档案管理系统，利用现代化的科技手段，确保项目文件的全面性和完整性。

第一，对各个项目的负责人进行监督和管理，要求他们按时对各自负责的项目产生的文件进行全面归档，其归档范围涵盖了整个项目过程中产生的文件资料，如各种相关合同、会议纪要、验收证书、施工决算单等。

第二，依托现代信息技术，建设和发展新的项目档案管理系统，对事业单位的项目档案进行专门处理，为事业单位现代化建设提供项目档案服务。例如，大型的建筑事业单位会涉及很多项目的承建，涉及的行业也很多，包括市政、机电设备等，其文件材料更是成千上万份，为方便对这些文件的管理，建设项目档案管理系统势在必行。

第三，对事业单位档案工作人员进行有效管理。对事业单位来说，事业单位档案管理工作人员是管理事业单位档案的主体，有效调动事业单位档案管理工作人员的积极性，使其主动发挥自己的价值，是事业单位不可避免的问题。因此，事业单位需要建立相关的奖惩制度，规范事业单位档案管理工作人员的行为。

三、创新项目档案管理规范

事业单位档案管理部门需要对项目档案进行收集和归档，同样地，负责人对项目档案的形成、文件内容和归档需要进行认真审查。

首先，项目负责人需要熟悉项目文件的归档范围，能清楚区分文件档案和技术档案。项目初期的文件应包含在项目档案之中，如果存在文件副本，那么文件副本也应包含在内，同时注明文件原件的位置。

其次，在进行档案立卷工作时，需要对档案文件的内容进行研读，区分文件的年份和类型，对属于同一类型的项目文件进行整合和集中处理，并尽量将文件号设置为项目的标题，从文件号中反映项目的基本内容。

最后，事业单位在对文件进行管理时，需要建立文件的管理规范，提升文件管理质量，可以采取的方法有规范材料的收集和归档、规范档案文件的管理工作等。

除此之外，进行事业单位档案信息化建设也有助于规范事业单位项目档案管理，应加快其建设的步伐。其中，档案管理系统软件是事业单位对档案进行信息化建设的必备工具，通过档案管理系统软件，可以对事业单位项目档案信息进行系统、规范的管理。

四、建立项目档案组织体系

要想顺利开展事业单位项目档案的管理工作，就必须建立相应的组织体系，内容有组织领导、人员配置、机构设置、工作网络等，可以从建立专业的专职档案队伍、保持事业单位档案工作人员相对稳定、实施各级领导档案责任制、提高事业单位档案工作人员专业素质、建立管理制度和业务规范制度体系等方面进行创新。

同时，需要对管理设备进行及时更新。随着现代信息技术的发展，各种硬件设备如雨后春笋般不断涌现，各自都有自己的优势和特点。事业单位应该及时购进和应用相应的硬件设施，构建事业单位档案管理系统，使得档案工作人员可以录入或修改相关档案文件，进而实现项目档案管理工作效率的提升。

可以说，事业单位项目档案是事业单位的关键和灵魂，维系着事业单位的生产经营，包括知识产权和物质产权，事业单位必须重视项目档案的管理工作，对其进行重点建设，加大对事业单位档案管理的资金投入力度，培养相关的档案工作人员，实现事业单位项目档案的健康发展。

第三节　文化档案管理创新

事业单位档案不仅是事业单位信息化建设的重要组成部分，同时也是事业单位文化建设中不可或缺的重要组成部分，事业单位文化在事业单位中扮演着至关重要的角色，其定位和规划对于事业单位的发展和战略布局具有深远的影响。

事业单位档案具有丰富的文化内涵，它真实地记录了事业单位的发展历程，因此事业单位文化部门应该重视文化档案建设，对事业单位文化档案进行管理。

一、事业单位文化和事业单位档案

（一）了解事业单位文化

事业单位文化是事业单位的重要组成部分，包括事业单位形象、事业单位精神和管理哲学等内容，是事业单位在长期发展中所创造的精神财富，其核心是事业单位的精神和价值观。简单来说，事业单位文化是事业单位信息化建设的源头和文化资产，为事业单位提供管理方法。

那么，事业单位文化的概念是什么？它的存在对事业单位来说又有哪些意义呢？

事业单位文化是由全体工作人员在事业单位发展过程中所形成的主流意识，这些意识为他们遵守的最高目标、价值体系、基本信念和行为规范的总和，以及事业单位的价值观和精神理念等。事业单位文化是塑造事业单位个性意识和内涵的综合体，唯有在事业单位行为中才能显现其独特魅力。

事业单位文化可以推动事业单位发展，是事业单位发展的动力。事业单位全体工作人员在工作中体现的价值观念，往往可以反映出事业单位文化。事业单位文化具有独特性、继承性、相融性、人本性、整体性、创新性等特征。

同时，事业单位文化具有十分丰富的内容，涉及事业单位发展的方方面面，如事业单位精神、事业单位形象、文化结构、事业单位使命等。

（二）事业单位文化对事业单位档案的影响

事业单位文化的内容和特征在一定程度上影响着事业单位档案管理，对事业单位档案管理提出了更高的要求。

事业单位档案记录着事业单位各个阶段的发展情况，为事业单位发展提供了丰富的参考资料，是组成事业单位文化的重要部分。事业单位档案中既包含着事业单位技术，还包含着事业单位文化，在一定程度上决定了事业单位的发展，因此做好事业单位档案管理工作，在某种程度上说，就是在建设和丰富事业单位文化。

1. 事业单位档案是事业单位文化的载体

事业单位档案是事业单位在生产经营实践中的历史积淀，是事业单位的宝贵财富。要想更好地建设事业单位文化，就需要深入了解事业单位的发展历程，这些发展历程可以从事业单位档案中了解，因此可以借鉴事业单位档案中的内容来建设事业单位文化。

事业单位文化并不是一成不变的，随着时代的发展，事业单位文化也会发生相应的改变。与此同时，事业单位档案的内容也是不断发展变化的，它真实、完整地记录了事业单位在发展过程中的改变。

事业单位档案如实记录着事业单位文化的变迁，为事业单位文化的建设提供了丰富的素材，有助于塑造良好的事业单位形象。可以说，事业单位档案的建设是否完整、有效，决定了事业单位文化是否丰富、与时俱进。

2. 事业单位文化影响事业单位档案的建设

事业单位文化是事业单位发展的中心，在现代化事业单位管理中占据着重要的地位。事业单位员工处在事业单位的大环境中，往往会受到事业单位文化的影响，呈现出和事业单位相同的价值观念，这就意味着事业单位档案工作人员也会受到事业单位文化的影响。因此在对事业单位档案进行鉴定工作时，档案工作人员的主观性难免会因受到事业单位文化的影响而发生改变。

事业单位档案工作人员需要对事业单位档案进行整理和利用，在这个过程中，事业单位档案工作人员将会不断学习和熟悉事业单位文化，事业单位文化也需要和事业单位职工同步改变和成长，同时影响着事业单位档案工作的建设，两者相互影响，从而实现共同发展。

（三）事业单位档案对事业单位文化的作用

事业单位文化影响着事业单位档案管理工作的建设，同样，事业单位档案也在某种程度上影响着事业单位文化的打造。事业单位档案对事业单位文化的作用主要体现在以下方面。

1. 事业单位档案突显事业单位文化特色

事业单位档案是直接形成的，这就意味着事业单位档案具有原始性，是记录历史真实面貌的原始文献，具有凭证价值。

事业单位档案记录着事业单位的发展轨迹，包括事业单位文化。同时，事业单位档案的形式多样，包括文字、图片、影像等，这些事业单位档案生动地再现了事业单位日常的生产、经营、销售等活动。

事业单位要想形成自己的特色文化，就必须借鉴历史，从事业单位的发展轨迹中找出自己的特色资料，进而形成特色事业单位文化，发挥出事业单位文化的作用。因此，在打造事业单位文化时，可以参考事业单位档案的内容，取其精华，去其糟粕，最终形成事业单位文化，显示出事业单位文化的特色和事业单位整体的水平。

2. 事业单位档案为事业单位培训员工提供教育素材

事业单位档案中包含很多与教育相关的资料，因此可以用来为事业单位培养相关人才。在对事业单位职工进行培训时，除了聘请专业的人才进行业务培训，也可以在事业单位档案中寻找教育素材，结合档案中的资料，制定全面、有效的方案进行培训。同时，事业单位职工也可以在培训过程中加深对事业单位文化的理解，增强其事业单位认同感。

二、建设事业单位文化档案的措施

事业单位文化档案是指事业单位在成立及发展过程中产生或形成的、和事业单位文化相关的、有保存价值的档案，如荣誉证书、文化标识等。事业单位文化档案的建设需要结合事业单位文化，不断发展事业单位文化可以从以下几个方面着手。

第一，对事业单位文化档案进行规范管理。事业单位档案工作人员在对事业单位档案进行归纳整理时，需要遵守相关的法律法规，加强事业单位档案的规范管理，包括管理制度、收集要求等。例如，可以按照类别对事业单位档案进行管理归纳，这样事业单位管理人员可以很方便地找到自己需要的档案。而且事业单位在进行文化建设时往往需要档案工作人员及时找到事业单位文化建设的资料，因此，必须加强对事业单位文化档案的规范管理。

第二，对事业单位文化档案内容进行提炼，选择精华部分。对事业单位档案工作人员来说，需要灵活运用事业单位档案的内容，开发其重要的价值，尤其是事业单位文化方面的价值。例如，档案工作人员可以对档案内容进行编辑，根据事业单位档案的产生时间，编写事业单位的发展过程、获得的荣誉等资料，这不仅可以为事业单位提供培养人才的资料，还能发挥出事业单位文化的价值，加强事业单位职工对事业单位文化的认同感。

第三，根据事业单位档案保密等级，公开相应的对事业单位发展有益的文化档案。事业单位档案是有保密等级的，并不是所有工作人员都可以任意查阅事业单位档案。对那些保密要求不高的档案，如事业单位文化档案，应该采取定期公开的方式，以保证事业单位的每个工作人员都可以了解事业单位的实际发展情况。定期公开事业单位文化档案，不仅可以体现事业单位的包容度、透明度，还可以加深事业单位职工对事业单位的情感。同时，事业单位职工可以从文化档案中获取经验，并通过在工作中的不断实践，改进自身的工作方式，提高工作效率，推动事业单位不断向前发展。

三、文化档案管理的创新方向

事业单位文化档案的建设往往重于实践，而忽视理论研究，因此在对事业单位文化档案进行管理时，可以从加强对档案文化理论的研究、把握事业单位档案文化理论研究方向和明确事业单位档案文化的内容等方面进行。

（一）加强对档案文化理论的研究

对事业单位档案部门来说，在进行事业单位档案工作时，不可避免地会遇到档案文化的建设问题。我们都知道，事业单位档案文化建设可以提高事业单位文化层次、人才管理水平，甚至产生经济效益。那么，该如何利用事业单位档案建设事业单位档案文化呢？长久以来，事业单位只是在实践活动中加强事业单位档案文化的建设，但在理论层面尚未形成完整、全面的理论基础，因此加强事业单位档案文化的理论研究十分紧迫。事业单位处于一个全新的时代，在研究档案文化时，需要立足于现实，转变思路，不能墨守成规、故步自封，事业单位需要重视事业单位档案工作，并了解、掌握事业单位档案事业的发展方向。同时，学界需要加强对事业单位档案文化建设理论的研究，深入挖掘理论依据，为事业单位档案文化实践活动提供指导。

（二）把握事业单位档案文化理论研究方向

档案学具有非常强的实践性，因此档案学研究者只有深入实践，才能使档案学理论为档案实践活动指引方向。在进行档案理论研究工作时，需要看到基层档案工作者的创新，与其进行积极探讨，深入了解事业单位的实际情况，协调好理论研究和实践工作的关系，最终使理论研究可以反映出实践发展的动态，从而指导实践发展。

近年来，事业单位档案文化的建设如火如荼，受到事业单位档案部门的重视和关注，是事业单位档案工作新的发展方向。相关的学者需要对这一现象进行关注和研究。事业单位在进行档案文化建设时，需要尽可能多地丰富文化档案的类型，如开发档案文创产品、进行专题记忆展览等，这不仅可以创新事业单位档案文化建设的形式，还可以展现事业单位文化的魅力。

但是，当前部分事业单位存在对档案文化建设研究不深入，仅仅停留在表面等现象。因此，事业单位档案文化的研究重点在于形成高效的工作体系，确定档案文化的工作内容等，只有这样才能准确把握理论研究的方向，更好地建设事业单位档案文化。

（三）明确事业单位档案文化的内容

什么是事业单位档案文化？它又包含哪些内容？目前，对事业单位档案文化的认知，不同事业单位之间存在着显著的差异，因此在理论研究上难以得出确凿的结论。有些事业单位主张，事业单位档案文化是对档案进行系统化的整理和归纳；有些事业单位主张，事业单位档案文化是致力于研发和推广事业单位档案文化产品；还有的事业单位认为，事业单位档案文化是事业单位文化的一部分，可以看作事业单位发展战略等。由于各自的认识不同，导致不同事业单位在档案文化建设方面的侧重点不同，发展自然也各不相同。因此，理论界或学术界需要对事业单位档案文化的概念等进行界定，明确其工作内容，为事业单位档案文化建设提供指导。

事业单位档案文化建设和传统的档案工作不同，其出发点是事业单位文化。因此，建设事业单位档案文化是事业单位档案工作的新层次，是创新发展的结果，其内容涵盖与事业单位文化相关的方方面面，如开发事业单位文化产品、构建事业单位记忆、展示事业单位文化档案等。

通过事业单位档案文化建设，可以有效推动事业单位文化建设，是事业单位文化发展的必然趋势，学术界应该积极探索事业单位档案文化相关的理论研究。

第四节　事业单位档案全过程管理

事业单位档案管理是一个长期的过程，可以通过对事业单位项目的全过程监督、管理来实现事业单位档案的全过程管理，尤其是复杂的、建设时间长的工程项目，其情况十分复杂，在工程建设期间，会不间断地产生各种类型的档案文件，主要表现在建设施工单位多、参与项目单位多、产生文档多等方面。

总之，工程项目中的档案材料数量很多且分散，为更好地管理这些档案文件，需要建立全过程管理方式，该管理方式按照项目的进展，可以分为项目初期、项目实施期、项目建设期、项目结项期四个阶段，每个阶段实行不同的管理制度和方法。

一、项目初期的事业单位档案管理

在事业单位项目初期，事业单位档案管理部门就要从思想上高度重视档案管理工作，召开动员大会，促使每个档案工作人员意识到档案管理工作的重要性。

第一，事业单位档案管理部门针对整个工程项目档案管理制订相应的工作计划，并和各个工程项目分部进行沟通协调，积极听取建议和意见，及时发现问题，并对制订的工作计划进行修改和完善，确保工作计划的有效性。

第二，依据工程项目的进展，每个工作人员将指导和监督具体的分项目，建立分项目档案组织机构，成立临时的档案工作小组，并将工程档案的责任落实到每个人，为项目档案管理工作的开展奠定组织基础。

第三，派驻档案专员在项目建设整个过程中进行全方位监管，做到专职专责，确保工程项目档案管理工作顺利开展，没有死角。可以定期组织对派驻档案专员进行培训，提高其专业技术素质和业务水平。

第四，事业单位档案管理部门将项目档案管理工作纳入领导议事日程，规定各个工程项目经理的项目档案职责，从最高领导层贯彻落实事业单位项目档案的工作，从上到下实现工程项目材料的收集、积累和整理工作，实现对项目档案的全过程管理。

其中，对临时档案小组需要制定相应的项目档案管理工作的机制和要求，对每一项目档案管理工作制定具体的要求和框架结构，如项目档案的收集范围和整体要求等，使事业单位档案工作人员在项目档案工作中，可以根据规章制度办事，做到有据可依，有路可循。

在进行工程项目档案建设时，良好的开端和计划可以保证档案工作的顺利开展，因此在工程项目初期，必须从全局出发做好统筹工作，进行事前介入管理。

二、项目实施期的事业单位档案管理

在工程项目实施期，工程项目开始实施，事业单位档案管理部门开始进行具体的档案管理工作，如事业单位档案的收集工作。为覆盖整个项目的工程实施，事业单位档案管理部门需要形成项目档案管理网络，要求所有的项目负责人配合派驻档案专员的工作，采取相应的措施，实施统一的档案管理标准，具体做法如下。

第一，事业单位档案管理部门制定相应的项目档案资料管理制度、细则、统一标准等，并将这些制度、细则、统一标准下发到所有和工程项目有关的单位，实现项目档案的统一管理。

第二，提高项目档案管理标准的地位。将其放到和工程项目施工标准的相同地位，提高重视程度，确保统一的档案管理标准的顺利实施。

第三，事业单位档案管理部门可以通过召开项目档案工作会议，或者邀请专业的工程项目档案专家到事业单位或工程现场进行培训等方式，不断提高工程项目有关单位的档案管理意识，从思想到行动，不断提高相关单位对事业单位工程项目档案的重视程度，配合事业单位做好项目档案管理工作。

实施统一的项目档案管理标准，可以为项目档案工作提供准绳，使之顺利开展，甚至可以进一步推广到社会之中，在为事业单位创造经济效益的同时，产生社会效益。

在工程项目实施期，事业单位档案管理部门必须做好档案管理标准的统一工作，从全局出发，制定标准统一的项目档案工作管理制度，进行事中控制管理。

三、项目建设期的事业单位档案管理

（一）事业单位档案管理部门进行统筹规划

在项目建设期，随着项目施工的进行，每天都会产生大量的文件资料，因此派驻到各分项目的档案专员需要驻守在工作现场，随时向事业单位档案管理部门报告分项目的具体进展，以便事业单位档案管理部门实施节点控制管理。

各个分项目的档案专员向事业单位档案管理部门报告在施工现场遇到的各种问题，事业单位档案管理部门每周召开一次项目进展例会，针对这些问题进行研究并总结，然后将会议结果发送给各个分项目的经理部和相关单位，以便及时解决问题。同时，制作工程项目进展统计报表，实时监控记录工程项目的进展，并将报表每周一次发送给相关领导和各分项目负责人，使他们对工程项目有整体的了解，以做到统筹规划，稳步推进。

除此之外，事业单位档案管理部门还需要进行不定期抽查验收，制定项目档案管理抽查验收制度，从制度上保证项目单位和项目档案专员的积极性，使他们对项目档案管理工作保持热情和认真负责的态度。

（二）项目相关单位积极配合

进行事业单位工程项目档案工作，不仅需要事业单位档案管理部门统筹规划，还需参与工程项目建设的单位进行配合，需要将工程项目档案管理工作作为建设施工日常工作的一部分，使之常态化，放到与工程质量同等的地位。

第一，负责事业单位项目督查的部门在对事业单位项目开展督查工作时，可以同时督查事业单位工程项目档案管理工作的开展情况，这样会使各个分项目负责人更加重视事业单位项目档案工作，有助于事业单位项目档案管理工作的顺利进行。

第二，在进行分项目结项验收工作时，同时对项目档案归档工作进行审查，以保证事业单位项目档案的质量。

第三，采用适当的手段激励参与建设的相关单位，使其做好事业单位项目档案工作，如采用经济手段，对完成项目档案文档收集和编制工作的单位进行评价，如果其项目档案具有较高的质量，那么可以采取现金奖励的方式，对应地，对项目档案管理不合格的单位采取适当的惩罚措施，从而起到警示的作用，提高所有施工人员对事业单位项目档案的重视程度。

（三）事业单位档案管理部门和临时档案室相互配合

制定相应的管理制度以保证项目档案可及时进行整理。各项目经理部对项目档案有收集和整理的职责，其相关单位需要按照规定和要求及时移交到工地临时的档案室，在进行初步分类归档后，定期将档案移交到事业单位档案管理部门进行统一归档立卷。在这个过程中，需要事业单位档案管理部门和施工现场的临时档案室相互配合。

临时档案室负责的主要工作是，对相关的施工单位产生的文档材料进行签收和移交。为确保档案的完整和安全，一般由派驻的档案工作人员和项目材料经手人员共同签字，并集中统一保存在临时档案室，随后派驻的档案工作人员对施工单位移交的材料进行预立卷工作。需要注意的是，临时档案室位于工地，需要加强安全保卫工作，做好防火防盗、防热防光等档案保护措施，保持警惕，防止事故的发生。

事业单位档案管理部门的主要工作职责是，对临时档案室移交的档案材料逐份进行审查，将移交过来的档案全部打散，重新进行整理、分类、组卷和编目等工作。需要注意的是，对案卷中不规范的文件材料，需要及时进行补签和抢救，这需要临时档案室及时做好配合，以保证入库档案的齐全、完整和规范。

在工程项目实施建设阶段，事业单位档案管理部门必须做到实时监控事业单位项目档案的产生、积累和整理工作，需要采取各种有效的措施和方法，保证其顺利开展。

四、项目结项期的事业单位档案管理

在项目结项期，项目档案几乎完成汇总和归档，项目档案工作已接近尾声，但难免会有遗漏，因此在项目结项期，事业单位档案管理部门的主要任务就是查缺补漏，对所有的工程项目档案进行梳理、完善。

事业单位档案管理部门需要对项目档案进行再次验收，使之具有高质量，做到事业单位项目档案的准确无误、一目了然，查询和存取都十分便捷，方便事业单位在后续的生产过程中调用工程项目档案，发挥出项目档案的最大价值，即为事业单位生产提供参考和信息支撑。

为做好工程项目档案的工作，可以采取以下措施。

第一，在项目结项阶段，同时评定工程项目质量和项目档案工作质量，这样可以为项目档案质量提供保障。

第二，做好事业单位档案工作人员的培训，档案工作人员需要本着认真负责的态度做好事业单位项目档案的整理工作，严格把好质量关，并不断提升自身的业务能力和专业素质。

第三，事业单位档案管理部门需要创新服务理念，始终围绕事业单位项目，为事业单位提供档案服务，从被动接收文件材料转变为主动为事业单位工程项目档案服务。派驻档案工作人员需要积极与项目相关的单位或部门进行沟通，做到心中时刻有档案，对项目档案提出高标准要求。

在事业单位项目档案的全过程管理中，采用事前介入、事中控制、事后核查、验收把关的管理流程，实现了对项目档案的实时监控，从而确保了项目档案管理工作的有序进行，提高了项目档案的准确性、齐全率和归档率。

全过程管理是一种管理策略，为工程项目档案理论的创新提供了可能和参考，可以有效提高项目档案工作的效率，产生社会效益和经济效益，具有深远的影响和意义。

第六章　医院档案管理信息化创新

本章主要对医院档案管理信息化创新展开论述，主要阐述了以下三个方面，分别是医院档案信息管理现状、网络环境对档案信息管理的影响、医院档案管理信息化创新及对策。

第一节　医院档案信息管理现状

在档案管理工作的开展过程中，存储工作、收发工作利用互联网技术实现了效率的提升。在当前，档案电子化的发展是主要的方向，通过云技术的应用，实现了在虚拟的网络空间中对各种档案的有效保管，并且用户可以在平台上对各种档案信息进行自主的检索、查询和应用。这大大提高了档案的利用效率。但是，在便捷的同时，也增加了档案信息的安全保管难度。由于网络的开放性和虚拟性，一些恶意软件或黑客很容易利用一些漏洞对档案进行恶意攻击、读取或修改。因此，在推进档案信息化管理的进程中，必须高度重视档案安全工作的全面展开。

一、网络环境下医院档案管理面临的安全问题

在对档案管理工作的开展中，互联网技术已经成为重要的信息交换手段。加强对档案信息服务工作的网络化建设，是档案事业发展过程中重要的环节。实现档案管理和档案信息服务的网络化是档案事业发展的必然趋势，这给档案事业的发展带来了新的机遇，同时也带来了新的挑战，档案信息的安全问题是网络环境下档案事业发展面临的新挑战之一。当前，档案管理部门已建立了内部档案局域网和互联网接入的档案站点，在这些网络环境下，档案管理工作的服务水平和服务质量不断提升。由于网络的开放性、共享性和复杂性，档案信息在网络中的安全使用面临着相当大的挑战，更容易成为网络攻击的目标。因此，我们必须高度重视保障网络安全的工作。

（一）安全保密问题是档案信息网络管理的最大障碍

在计算机技术提供的开放网络环境中，人们对信息的安全采取了多种方式进行保障，如防火墙技术、病毒查杀技术、物理隔离技术等，这些技术的应用虽然已经取得了一定的成绩，但在面对更高水平的黑客的攻击时发挥的作用非常有限。在公共网络的使用过程中信息安全性的保障更难。因此，要重视档案管理工作中安全保密工作的开展。

（二）影响网络安全的因素

对网络安全的理解，更多地体现在对网络系统的硬件、软件、数据的安全保护中，要能够使用有效的手段，对存在的偶然发生、恶意攻击等事件进行应对，并且保证信息能够正常地、系统地、连续地使用。但是在实际的应用过程中，网络安全的保护还受到更多因素的影响，主要表现在以下几个方面。

1．容易被忽视的物理安全因素

确保档案信息网络中各种设备的物理安全是保障整个计算机网络系统安全的必要前提，尤其需要对档案信息网络所处的环境进行全面的安全保护，包括但不限于区城和灾难等方面的保护；设备安全（主要包括设备的防盗防毁、防电磁信息辐射泄露、防止线路截获、抗电磁干扰及电源保护等）；媒体安全（包括媒体数据的安全及媒体本身的安全）。

2．来自内部或外部的非法访问

网络环境下的档案信息安全可能会受到来自内部或外部的非法访问的威胁，这些访问可能会导致网络遭受非法篡改和恶意攻击。如网络管理员在用户权限分配、密码选择和外部黑客入侵等方面的操作存在不合理之处，导致系统安全性受到威胁。

3．防不胜防的计算机病毒侵害

网络传播的病毒具有超越单机病毒的传播速度、破坏性和传播范围等方面的独特优势，所有终端和通道均可成为其有效的攻击目标。

4．普遍缺乏基本的备份系统

在档案信息网络环境下，特别是在基层的档案信息化网络建设过程中，缺乏同步建立备份系统的意识，这导致一旦出现网络安全问题，档案信息恢复的可能性将会被剥夺，从而浪费资金。

5．网络安全意识薄弱

长期以来，档案管理人员已经深刻认识到档案原件保管的安全问题，将馆库安全工作视为至关重要的任务，但却容易忽视档案信息网络在档案信息化管理过程中的安全隐患。

二、医院档案管理软件的选择

目前，一些医院自主研发的适应自身实际需求的档案管理软件已被广泛应用于国内医院。此外，还有一些机构或个人也推出了面向市场的档案管理软件，如“档案管理网络信息系统”。下面就广泛应用的档案管理软件与“档案管理网络信息系统”这两种档案管理软件进行介绍。

（一）系统主要功能比较

1. 相同点

（1）档案信息录入与检索

通过远程分部门的录入方式，两种档案管理软件均实现了分布式录入，并通过审核进入系统。此外，系统还支持用户远程上传各种格式的纸质文件扫描图像、电子文件全文等，同时采用了高效的检索算法，实现了高速检索。

（2）档案信息统计

两种档案管理软件均可对各种档案数据进行汇总，并根据需要制作相应的数据图表。

（3）档案借阅利用统计

两种档案管理软件都具有通过计算机网络完成档案借阅的功能，用户仅凭借计算机远程登录系统就能实现翻阅档案馆收藏的全部不涉密档案资料，并挑选想要借阅的档案或文件，系统还能对用户的所有借阅利用情况进行记录，以便被借档案的催还提醒、借阅利用数据的多维统计等操作。

（4）自定义打印目录格式

除了使用国家标准的各种打印目录格式，这两种档案管理软件都允许用户根据具体的打印需求，自主设计各种打印目录格式。

（5）自定义管理界面

在实践中，这两种档案管理软件都允许用户根据自身的实际情况和不同类型的档案管理需求，自主定制管理界面的内容。

（6）授权功能

两种档案管理软件都具有部门授权与单用户授权的功能，并能利用授权对医院档案管理系统的操作权限进行相对自由的调控。

（7）电子文件管理

这两种档案管理软件的电子文件管理功能都很完备，主要表现在以下三个方面。

①保障电子文件的安全性。为了确保在网上传输的数据不会丢失或损坏，且不会被非法获取，两种档案管理软件都应用了128位数字证书。与此同时，为了确保电子文件不被违法访问，两种档案管理软件均实施了完备的系统用户权限控制、电子文件访问日志和电子文件背景信息记载等措施。

②电子文件的远程、高速批量上传。各式扫描图像文件和照片、全文电子文件、数字化视频和音频文件，以及各式数码设备产生的电子文件，均能实现远程、批量、高速上传。

③电子文件和PDF标准格式的自动转换。在使用过程中，这两种档案管理软件都能够自动将各种电子文件转换为符合PDF标准的格式。

（8）安全通信（SSL）保证系统数据网络传输的安全

档案信息系统具有比其他信息系统更强的安全性是因为档案信息的独特性。用户账号加密、数据加密传输、数据访问权限控制等是这两种档案管理软件保证系统安全的方式。

（9）与其他办公自动化系统的无缝整合

对各式办公自动化系统软件来说，两种档案管理软件都提前准备了标准的交换接口，能够实现这两种软件和各式办公自动化系统的完美融合。

2. 不同点

（1）自由建库

广泛应用的档案管理软件为用户提供了一个自由创建档案信息数据库的平台。但对“档案管理网络信息系统”而言，其功能尚待进一步完善。

（2）自定义数据库结构

广泛应用的档案管理软件提供了自定义数据库结构的功能，以满足不同类别档案管理的需求。然而，“档案管理网络信息系统”在这方面仍有改进的空间。

（二）系统特点比较

1. 兼容性层面

这两种档案管理软件不仅能够兼容传统的以卷为单位的规则，同时也能够支持新的以件为单位的规则。

2. 技术层面

这两种档案管理软件均采用模板定制技术，可实现对各种不同门类档案的管理，包括但不限于党政、人事、基建、财务、科研、声像等方面。

3．结构层面

这两种档案管理软件都采用基于浏览器/服务器（B/S）的纯结构，摒弃了传统的客户端/服务器（C/S）架构，无须用户安装任何客户端软件，也无须限制客户端数量。

（三）档案管理软件的选择

1．功能要求

文件处理与档案管理是档案管理软件的必备功能，包括文件登记、公文处理、组卷、编目、检索、编研等综合功能，同时支持目录、封面与其他统计报表的打印，实现了档案的集中统一管理，能够随意扩展档案的类别。另外，目前医院档案资料种类和数量都很多，因此系统应有扩展管理对象的功能。

2．系统维护方便，界面友好

为保证数据的安全性，档案管理软件必须具备严苛的分级权限设置，依据用户掌握的信息范围，相对自由地设置各种权限。系统界面能够依据个人喜好、使用频次等及时进行调控。

3．档案管理软件开发公司的情况

在当今市场上，档案管理软件的种类繁多，因此在选择软件时，需要全面了解软件开发公司的规模、效益，以及所开发软件的使用效果、售后服务和档案软件升级等方面的情况，以确保所选购的档案管理软件能够与时俱进。

第二节 网络环境对档案信息管理的影响

一、网络在档案信息安全中的角色

20 世纪 90 年代以来，信息化浪潮席卷全球，随着互联网的高速发展及信息技术在档案管理中的广泛应用，档案管理观念和思想逐渐现代化，档案管理手段方式逐渐数字化、网络化，各级各类档案部门纷纷建网、上网，利用网络来传输、开发档案信息，突出表现在档案部门局域网、地域性档案信息网络的不断建立，档案信息载体呈现多样化。

（一）网络中的档案信息结构

在档案管理工作开展的过程中，从开始的单机管理转化为现在的网络管理，管理的范围、深度都在不断拓展，同时档案信息的结构也发生了改变。具体表现在以下几个方面。

1. 全文级一次档案信息的应用

在档案信息网络管理的过程中，办公文件、档案实现了一体化的管理，在自动化的办公系统中，生成的电子文件的数量不断增多，在网络系统中，可以直接将其转化为电子档案进行保管。即使是纸质的档案，也可以通过扫描仪、相机等设备进行转化，生成电子档案进行保管。这为在管理过程中实现全文级一次档案信息创造了条件。同时，全文级一次档案信息的应用有效地满足了用户直接查看原始档案资料的需求，大大提高了档案管理的效率。

2. 网络环境下的档案信息是综合信息

在以往的档案管理工作中，档案信息的形式主要是文字。通过文字的记录，对真实的历史事实进行再现。随着技术的不断发展，摄像机和录音机等设备开始应用到档案管理工作中，改变了传统的文字形式，出现了声音、画面、文字相结合的记录方式。这种更真实、更生动的综合信息，不仅对历史进行了更完善的记录，同时也激发了人们继续了解历史的兴趣。近年来，各级档案馆在工作开展中更加重视对音像档案资料的制作，因而音像档案资料的数量也在不断上升。

3. 开始出现面向对象的数据库

在以往使用计算机单机进行数据存储的过程中，数据的处理需要其他程序的配合才能完成。在数据库技术的应用过程中，数据的应用不仅体现在存储数据中，还可以同时对数据进行处理。另外，在技术不断发展的过程中，档案的科学管理手段也在不断完善，产生并应用的分布式数据库更好地改善了传统数据库的不足。在应用的过程中，首先，通过对数据进行分布，在网络的连接作用下可以将档案数据分布在不同的结点中；其次，在协调的数据库应用过程中，各个子集之间可以进行有效的联系，保持逻辑的严密。

（二）网络影响着档案信息的传播

1. 网络拓展了档案信息的传播广度

在新的发展形势下，档案信息的收集、整理、查询等工作的开展都可以通过远程技术应用实现有效的管理。人们可以随时随地对需要的档案信息进行自主的查询和应用，只要是在法律规定的范围内，都可以实现对档案信息的自由下载和自由应用。在网络环境中，信息的传播广度不断扩大。同时，在以往的档案管理过程中，只能是一个部门管理一部分档案，但是在网络环境中，不同的部门可以将不同的档案信息都放在档案管理系统中，为用户提供更为集中、便捷的服务。

2. 网络提供了新的渠道和动力

在传统的传播方式中，档案信息传播的内向性较为明显，某一领域的非专业人员往往很难接触到该领域的相关档案信息，即使是专业人员，也经常受传播地域性或物质条件的限制，不能获得全部的相关档案信息。在信息传播的全过程中，若选择某一种传播媒介，则被传者仅能以一种特定的媒介形式呈现。在网络传播中，受众享有自由选择媒体表现形式和时间安排的权利，他们可以在任何时候接收相关信息，同时也可以进行不断的重复、跳跃和删节，甚至参与信息的重组。

3. 网络加快了档案信息的传播速度

在互联网出现以前，档案信息的扩散主要通过档案借阅、编研成品的出版，以及信息在报纸、期刊上的公布等形式来进行，传播速度较慢。就拿编研成品的出版来说，传统的纸质图书从编辑加工、装帧设计到印刷发行，一本书到读者手中往往需要较长的时间。传统传播方式的时延现象对档案信息的传播与利用是不利的，而互联网的广泛发展使档案信息能瞬间传播到世界的各个角落。

4. 网络降低了档案信息传播的成本

相较于传统的档案信息传播方式，网络传播没有纸张和印刷开支，没有图书发行流通费用，也不会出现图书流通过程中的库损等问题，从而降低了档案信息的传播成本。

（三）网络带来的档案信息安全问题

在网络环境下，档案信息的安全受到以下几方面的威胁。

1. 真实性、可靠性和可用性受到威胁

电子文件信息主要以光盘、磁盘为媒介，导致其易受篡改且被复制后无法明确区分原件和复制件。因此，电子档案的法律效力受到了质疑，而当前国家尚未明确规定电子文件是否可作为法律证据，以及在何种情况下可以作为法律证据。一旦需要凭证作用，数字化档案的价值就会因对纸质档案的依赖而受到削弱。

2. 保存与传输过程中的可用性受到威胁

首先，纸张是传统档案的通用载体，相比于每隔几年就需更新的光盘、磁盘具有存储时间更长的优点。其次，光盘、磁盘还具有受外界磁环境影响导致消磁乃至记录信息丢失的缺点。最后，作为开放式系统的网络，在计算机系统与网络技术方面还存在许多不足，如漏洞与缺陷，因此，让黑客更加容易地利用网络违法，侵犯档案机构的网站与信息系统，从而损坏系统并泄露数据。

3. 病毒、黑客对档案信息的安全造成威胁

档案信息化的建设往往都是通过加强档案网站的建设来实现的，档案网站既有为企业和政府部门提供发布档案信息，进行档案信息建设工作的优点，又有在开放的网络环境中使档案信息安全性降低的风险。一方面，作为对档案信息安全性影响最大的网络程序，木马程序是违法分子侵犯档案网站篡改档案信息、窃取档案信息，甚至删毁档案数据资料的主要工具，会使档案网站受到严重打击。另一方面，黑客也能通过漏洞攻击网站，获得管理权限，共包括两种方式，一是主动攻击，黑客可以利用多种方式篡改、删除在网上传输的信息，使得档案信息的完整性和应用性受到损坏；二是被动攻击，在不干扰系统正常运行的状况下，黑客对传输的信息实施监听与窃取。这些均是档案安全性降低、档案系统运行受干扰的原因，给国家与人民的利益带来了危害。

4. 档案工作人员自身的问题影响档案信息的安全

（1）档案工作人员的安全意识薄弱影响档案信息的安全

随着信息时代的到来，档案工作人员在传统档案馆服务模式的影响下，所面临的工作状态已经出现了明显的滞后。由于知识结构的滞后，传统的档案工作人员将自己的角色定位为单纯的保管者，档案载体多为纸张，因此这些实体的安全得到了实实在在的保存。然而，保障档案的安全不仅仅是对这些实体的保护。在档案信息化建设中，档案信息的安全性得到了极大的拓展，为了确保档案信息的安全，不仅需要保护档案实体，还需要为档案信息赋予新的载体，要求档案工作人员熟悉新载体的物理特性，同时档案信息的传输介质也更加开放，这就要求档案工作人员掌握基本的网络安全策略。由于缺乏充分的安全知识，导致在档案工作中频繁出现无法获取档案信息，网站遭受病毒、木马程序破坏等安全隐患。

（2）内部管理制度影响档案信息的安全

在档案信息化安全工作中，管理是一项至关重要的任务。管理安全的风险可能源于责权的不明确、安全管理制度的不完善，以及缺乏可操作性等因素。在网络遭受攻击或其他安全威胁时，无法进行实时的检测、监控、报告和预警。同时，在事故发生后，由于缺乏对网络的可控性和可审查性，我们无法提供黑客攻击行为的追踪线索和破案依据。网络的开放性使得档案系统受到攻击的时间与位置成了未知数，没有一个完善的应急预案，发生危机事件以后会陷入被动局面，束手无策，损失亦不可估量。

（3）档案工作人员责任心不强影响档案信息的安全

部分档案工作人员对档案工作没有激情，得过且过，不能尽心尽力地做好自己的本职工作。在实际工作中表现为管理制度不落实，即虽然设置了完善的管理制度，但是由于档案工作人员的忽视，导致形同虚设。在日常工作中常常是检查不到位，人员不落实，处理不及时；会上强调多，会后督促少；普遍号召多，具体研究少，结果是解决不了问题，档案安全管理也就没有制度约束。有的档案馆工作人员为了省心、省力，许多档案信息的数字化工作不是由自己亲自完成，而是请外部人员代劳，而外部聘请的人员素质又参差不齐，有些甚至仅仅懂得打字录入而已，对档案工作的重要性一无所知，因此档案信息的数字化工作质量得不到保证，存在许多低级错误，甚至信息遭到故意泄露、篡改，直接影响档案信息的安全及提供利用。

5. 网络技术问题影响档案信息的安全

恶意分子利用档案信息系统中的漏洞，通过传播木马程序、非法获取管理权限等手段，对档案信息系统进行破坏。一方面，在此类犯罪事件中，国家立法部门的法律框架存在缺陷，数据规范化和标准化问题尚未得到妥善解决，各个部门各自为政，软硬件设施的使用存在差异，同时安全问题也无法得到共享。不同部门的安全策略存在差异，有些采用了防火墙、反病毒软件、数据加密和身份认证等多重手段，以确保档案信息的安全性；而有些则因技术和资金的限制，只采用了单一的安全策略。另一方面，由于国内相关技术的滞后，导致信息化技术的发展依赖于国外，无论是硬件还是软件，都受到了不同程度的制约。大量的基础性软件，如操作系统、数据库、办公文字处理软件和浏览器等，被广泛部署在档案信息系统中，然而这些软件中存在着各种安全漏洞，这些漏洞为恶意攻击者提供了可乘之机。比如，在当前使用的档案管理系统中，计算机操作系统的应用和档案管理软件的应用都不是完美的，漏洞的出现也是不能避免的，这些实际存在的安全隐患为不法分子提供了机会。再如，软件在进行设计的过程中，编程工作人员为了在后期更好地进行维护，会设置“后门”，一般情况下，这些特殊的设置是不公开的，但是一旦被公开，将会造成严重的影响。

二、网络环境下医院档案管理模式的选择

随着医院科研和管理的内在需求日益增长，传统的以档案实体为管理对象的管理模式已经无法适应不断加强的档案信息管理网络化趋势。为了满足网络化档

案管理工作的需求，档案部门应当采用符合本医院独特特点和凸显自身优势的管理模式，并在理论和实践层面上进行创新。当前，医疗卫生机构所采用的档案管理模式主要包括以下三种。

（一）集中式管理模式

医院内部的档案管理机构被视为医院档案信息管理和对外服务的核心，通过配置先进的网络服务器，建立专门的医疗档案信息网站，并通过内联网或因特网以供医院内外利用。集中式管理模式具有自身的利弊。该模式的优越之处在于其硬件采购的集中化，避免了重复使用，同时也实现了对医疗档案信息资源的高度集中管理，从而提升了网络信息的安全性；但该模式存在一个缺陷，即医疗档案信息资源的更新速度缓慢，这容易导致数字档案信息的流失，从而给信息的利用带来不便。

（二）分布式管理模式

分布式管理模式是一种利用医院内广泛分布的医疗管理机构和各科室已有的（或配备的）网络服务器等硬件资源，通过内联网网络将形成的医疗档案信息资源及时上传，以分散的方式提供利用服务的高效方式。分散式管理模式之所以备受青睐，是因为它能够快速更新医疗档案信息，提供丰富的信息资源，并可方便高效地利用；该系统的缺陷在于其购置成本高昂，管理难度极大，同时档案信息的安全性也存在较大问题。

（三）集成式管理模式

将医疗档案信息管理与服务的全过程作为一个有机的系统，以全方位、全范围和全阶段的‘大集成’管理思想，赋予医疗档案管理体系的系统性和动态性，使文件运动各个环节规范标准，将重要的界面关系纳入档案管理状态，进行控制、协调和沟通。在医院档案管理工作中，采用集成式管理模式，需要综合运用各种资源，包括管理和技术等方面的相关资源，以实现各种资源要素的有机整合和高效集成。医院档案管理的发展趋势之一是采用集成式管理模式，特别是在网络环境下，针对数字医疗档案及相关信息资源的管理，需要结合医院内多个管理信息系统积极实施信息系统集成，以实现网络互联互通和系统资源共建共享，从而确保医院“电子证据”的真实性并使其价值得到充分体现。

利用医院内部的网络架构，实现对医院内部档案资源的整合管理。近些年来，医院内广泛构建了局域网，形成了一个内部信息交流平台，旨在促进科研和管理等方面的信息共享。这得益于局域网在安全性、易维护性和传输速度等方面所具备的卓越优势。医院内各行政管理部门和科研部门广泛分布着医院内形成的医疗档案，通过对医院内内联网的构建，医院行政管理部门、各科室及档案馆（室）可以将大量具有保存备查价值的医疗文件进行逻辑归档和物理归档，实时或定期上传或通过文件传输协议（FTP）上传到内部网文档服务器（包括Web服务器、档案数据服务器及内联网或互联网服务器）进行集中归档保存，从而通过网络提供医疗档案信息供医院内行政管理部门、医护人员利用，以充分实现医疗档案的价值。

目前，我们正在逐步实现医院间医疗档案的整合管理和整合服务。在医院内基于局域网的档案信息资源整合和集成，实现了医疗档案信息资源集成管理和服务的全球覆盖，形成了一种全新的格局。在医院内管理和服务集成的基础上，借助互联网络环境，我们可以将丰富的医疗档案信息资源，如硕士/博士论文集、医疗案例等，通过网络向国内外医院和社会各界广泛传播，以积极的态度为广大利用者提供服务。

第三节　医院档案管理信息化创新及对策

一、制定完善的档案信息管理制度

（一）建立健全库房安全管理制度

对库房的管理要重视安全制度的建设。通过将预防和治理相结合，及时处理存在的安全隐患，更好地保证档案的安全。在进行制度建设的过程中，主要从以下几点开展。

第一，日常安全检查制度的建设。在日常的管理工作中，要重视对库房安全检查制度的建设，对存在于库房内的档案资料、设备、设施等都要在日常工作中进行检查，并且对其中存在的问题及时发现、及时处理，将一切不安全的因素都及时地消除。主要检查档案有无霉变，有无被泄密、毁灭、遗失、盗窃；库房有无火灾、水灾等隐患；用电设备是否完好；消防器材是否齐全；门窗是否牢固等。

第二，进出库制度。该项制度的制定是为了更好地保证档案的完整使用、安全使用。对进入库房、离开库房的人员、档案都要进行严格的制度约束。比如，要在库房外边使用醒目的提示语进行警示，要求不相关的人员不能随意地进入库房重地。再如，库房的管理人员不能在库房内从事其他活动，在非工作时间内不能随意进入。还比如，在进入库房之前要开展必要的消毒处理，并且要对档案进行进、出库的详细记录，对人员也进行详细的记录，对其中重点的档案资料要定期检查、核实，确保档案的安全管理。

第三，建立库房指南制度。该项制度的制定主要是对库房内存在的各种档案、设备等要按照规定的位置进行存放，并且要求管理人员对各种档案的位置熟悉明确，在发生突发状况时，要第一时间对重要的档案进行转移，保障档案的安全转移和安全管理。

（二）建立档案信息系统的安全管理制度

1. 制定档案信息系统安全设计与建设规范

为确保信息系统的稳定、可靠和安全运行，我们需要制定一套档案信息系统的安全设计与建设规范，其中包括信息安全等级保护3级和2级的要求，以及必要的软硬件设备的安全设计和配置。信息系统安全设计与建设的总体策略涵盖了分域防护、访问控制、权限管理、多层防御、集中监控、管理规范、明确责任等多个方面；针对档案信息系统的专业特点和档案信息安全要求，明确规定了档案信息系统应按照区域划分原则划分核心域、管理域、应用域、终端接入域四个不同的安全区域，以及各区域的访问控制和权限管理，同时还对物理层、网络层和数据层进行了分区域梳理。从而确保新建项目单位在系统规划、设计与实施、运行管理，以及数据备份等安全技术保障建设方面的全过程得到规范指导。

2. 制定档案信息系统安全保障工作操作指南

制定一份档案信息系统安全保障工作操作指南，以确保档案信息系统在安全保障工作人员、机房和设备、网络、应用系统、在线监测监控网络和数据、访问控制、文档、数据与密码应用、安全事故、故障和应急管理等方面的安全管理得到规范。

3. 制定档案信息系统安全监督检查工作规范

在档案信息系统的安全体系建设和运行管理全过程中，引入了档案信息系统风险评估和风险管理的概念，明确了信息安全自我检查和监督检查环节的工作流程，以及安全检查工作的内容、程序、方式和要求，并提出了一套量化的指标体系，用于档案信息系统安全监督检查工作。

二、强化档案信息管理队伍建设

（一）创新管理队伍的思想观念

观念虽然无形，但是对提高档案信息化人才的决策能力和执行能力具有决定性的作用，为此，需要培育档案工作人员以下七种新思维。

1. 开拓思维

树立追求理想、崇尚科技、奋力改革、不断开放、不畏艰险、不甘落后、奋勇拼搏、图存图强的拓荒精神，打破守旧、畏难、不作为的陈旧观念。

2. 战略思维

战略是对事业发展全局性、长远性的谋划，战略眼光是大视野，战略目标是大手笔。为此，要将档案信息化建设和社会发展的大趋势，如改革开放、经济繁荣、知识管理、文化传播等紧密联系起来，以社会需求为导向，构建科学的“顶层设计”，自上而下、积极有序地推进档案信息化工作，打破以往各自为政、重复建设的粗放型发展模式。

3. 策略思维

策略是又快又好地实现战略目标的最佳路径。为了克服档案信息化建设中存在的薄弱环节，我们应该采用“内合外联”的策略，即通过整合档案技术和信息资源，提升外联能力，并与外部信息系统建立联系，以接收和辐射优质档案信息资源，从而将档案信息系统打造成社会信息的重要枢纽。

4. 人本思维

档案信息系统的建设应该以用户为中心，即以档案利用者和档案工作者的应用度和满意度为出发点和归属点，从而真正实现以用户为中心的管理理念。为了满足用户，特别是社会大众的需求，信息系统需要提供易于操作、界面友好、人性化的服务。

5. 开放思维

网络化是一个开放的平台，唯有敞开大门，方能充分发挥其所带来的无限优势。因此，档案信息系统应当积极致力于与各类社会信息系统的无缝对接、互连互通，以获取更多数字化档案资源，从而在网络化服务中提升档案工作的社会影响力和认可度。

6. 忧患思维

随着电子档案的存储密度、传播速度、技术依赖性和表现虚拟性的不断增加，其失真、失金、失效和失密的风险也日益加大，而数字化所带来的灾难往往具有瞬时性和毁灭性的特征。因此，在推进档案信息化建设的过程中，要居安思危、未雨绸缪、警钟长鸣，一手抓技防，一手抓人防，两手都要硬。

7. 辩证思维

在档案信息化建设的过程中，我们需要以联系的方式和发展的眼光去认识和处理资金的投入与产出、数据的存入与取出、配置的集中与分散、信息的共享与保密、文件有纸与无纸、资源增量与存量等对立统一的关系，以避免僵化的思维方式导致非此即彼或顾此失彼的后果。

（二）重构管理人员的知识结构

按照档案信息化的需要，现代档案工作者的知识结构需要进行以下补充。

1. 信息鉴定知识

在信息时代，档案信息呈现出规模庞大、门类多样、价值多元的特点。只有掌握对电子档案信息内容价值和技术状况的鉴定知识，档案工作者才能及时、精准地捕捉和收集具有档案价值的信息，并根据其重要性确定保管期限。

2. 科学决策知识

为了实现档案信息化的目标，必须进行科学的规划和研究，只有那些具备制定科学战略规划和实施方案能力的档案工作者，才能在大局上和方向上有所把握，站在高处眺望远方，运筹帷幄，避免信息化走弯路或产生损失。

3. 宏观管理知识

档案行政是档案信息化建设的动力来源，所以，档案工作人员必须具有组织、指挥档案信息化工作的业务水平，熟知相关档案信息化法规、制度、标准、规范的专业知识，同时具有在档案业务与信息技术融合层面上的依法执政的执行力。

4. 系统开发知识

为了实现档案管理信息系统开发的顺畅，档案工作者必须积极参与并深度融入档案业务与信息技术的融合。因此，档案工作者需要掌握软件工程理论和软件开发技术，并熟练运用信息技术专业语言与信息技术人员进行有效沟通，以准确表达自己的想法。

5. 系统评价知识

在档案管理和计算机技术的专业视角下，档案工作者应当具备对档案信息系统质量进行评价的能力，包括对间接和直接效益的评估，以及对系统管理、经济和性能指标的评估，同时还需要提出改进意见和建议。

（三）提升管理人员的操作技术水平

1．信息输入技术

信息输入技术采用传统键盘输入技术，结合先进的语音、文字、图像识别输入技术，以及数据导入、导出转储技术和数码摄影、摄像技术，以实现文字、图像、声音、视频等多种信息的快速、准确输入。

2．信息加工技术

信息加工技术应用信息检索工具，在规定的网页、服务器、脱机载体范围中收集档案信息，依据档案的样式与内容特点归类，依据档案的内部联系开展组件、组卷或组盘，通过自动或手工方式对档案进行著录与标引，采集、封装与管理档案的元数据。

3．信息保护技术

信息保护技术指的是熟练掌握数据库管理、数据组织、数据迁移、数据加密、数字签名脱机存储、网络访问控制、数据容灾等高级技术，管理人员需要同时具备维护电子档案真实性、完整性、有效性和安全性的能力。

4．信息处理技术

信息处理技术指的是熟练掌握文本编辑、图像处理、视频编辑、文件格式转换、数据下载或上传等一系列高级技术。精通档案多媒体编研技术，能够以特定主题为中心，对编研素材精心编辑，最终呈现出高质量的档案编研成果。

5．信息查询技术

信息查询技术可以依据用户档案查询需求准确挑选检索项、关键词、主题词、分类号且准确制订检索表达方式，如对在线或离线存储的文件、超文本全文信息开展检索，且通过打印、下载、排序、转发等方式整理检索结果。

6．信息传输技术

信息传输技术指各种档案信息可以通过电子邮件、短信、微博、微信等多种渠道进行接收和传播，包括但不限于文本、图像、声音、视频等多种形式。

（四）优化管理队伍结构

档案信息化建设的人才队伍至少需要以下四种类型的专业人才，特别需要兼备两种及以上特质的复合型人才。

1．研究型人才

档案信息化建设需要科学的理论指导，没有理论指导的实践是盲目的，脱离实践的理论是空洞的。研究型人才是理论的探索者和实践的导向者，其主要责任是研究档案信息系统建设的理论。探索电子文件归档管理和电子档案科学保管、远程利用的方法；研究新技术、新方法在档案领域的应用；研究、开发先进、适用的档案信息管理软件；提出电子文件和数字档案管理的标准规范；主持或参与档案信息化科研工作，从理论和实践的结合上指导档案信息化工作的开展，培养档案信息化建设人才。目前，档案信息化研究者主要由档案信息化工作者和医院师生构成，他们有各自的优势，又各自存在理论与实践方面的不足，最好是两方面研究者强强联合、优势互补，以促进理论和实践的紧密结合和良性互动。

2. 管理型人才

档案信息化建设是复杂的系统工程，需要实行严格的目标管理和精细的过程控制。作为一名管理型人才，我们需要全面了解国内外档案信息化建设的现状、经验教训和发展趋势，并制定出切实可行的档案信息化战略规划和实施方案，同时还需要制定相关的管理办法和标准；主持、指挥、监督、引导医院档案数字化转型的进程；协调外部信息系统建设与档案信息化建设之间的相互关系；培养和使用档案信息化人才资源，有效筹集和合理使用信息化建设资金等。目前，各机构的档案信息化管理工作大多由档案管理人员负责，他们具有传统档案管理的理论知识和实践经验，但是往往缺乏信息化知识和技能，又由于公务繁忙，缺乏接受信息技术继续教育的机会，可能造成档案信息化管理上的缺位或错位。因此，迫切需要通过各种途径提高现有档案行政干部的信息化素养。

3. 操作型人才

在档案信息化建设的进程中，需要大量具备档案管理业务知识和计算机操作技能的操作型人才。这一类人才的主要职责在于运用计算机网络技术，进行档案数据的积累、归档、组卷（组件）、分类、编目、扫描、保管、鉴定、检索、数据备份等一系列操作。他们的工作责任心和操作能力直接关系档案信息资源的安全、质量和价值，因此，要求他们具备强烈的信息安全意识、高度的工作责任心和熟练的操作技能。

4. 其他型人才

（1）法律人才

在档案信息化建设中，尤其是网站建设过程中，涉及的法律问题包括但不限于保密、隐私保护、知识产权、合同管理、网络安全等，因此需要具备相关法律知识的专业人才来提供法律支持。

（2）数据库管理人才

数据库的定义、运行维护、资源配置、权限设置、数据迁移等都需要数据库管理的专业知识，此项工作往往由医院信息技术人员负责，如果数据库服务器设在档案部门，那么档案部门也需要配备这样的专业人才。

（3）多媒体档案编研人才

医院档案馆需要配备必要的多媒体档案编研人才，以便从事对多媒体档案的收集、整理和编辑工作。

值得指出的是，以上人才结构的落实，关键在于档案部门的岗位设置。由于各医院受人力资源编制的限制，因此以上人才岗位的设置既可以是专职，也可以是兼职，但不宜兼职过多，以免影响其专业能力的发挥。

三、优化档案信息管理法律环境

由于时代和技术的局限，目前我国还没有一部关于网络环境下医院档案馆信息安全的法律法规，因此有必要制定这样一部法律，而且要注意信息安全法应具备的一般特点。

第一，体系性。进入网络时代，人们获取知识的方式等发生了重大改变，也产生了网络病毒、黑客、网络犯罪等新事物。传统的法律体系变得越来越难以适应网络技术发展的需要，在保障信息网络安全方面也显得力不从心。第二，开放性。在网络技术的发展中，安全问题变得更加复杂。医院档案馆在开展管理工作的过程中，要从法律的角度、技术的角度对存在的各种安全问题进行全面的正确分析，并且使用有效的手段进行及时的处理。第三，可操作性。在网络创设的一个虚拟空间中，现实生活中存在的概念、规则要想更好地应用，一定要具有可操作性。要从法律的角度对一些专业属性进行解释，对存在纠纷的问题进行解释等，保证在虚拟的空间中，现实的规则也同样适用。

（一）制定原则

法律原则是立法活动的准绳，是立法精神的内在体现。医疗卫生机构的档案信息安全立法活动必须遵循法律原则的指导，以把握信息安全发展的客观规律，并更好地发挥法律调控的功能。医院档案信息安全立法活动应当以保障信息安全、促进信息发展为基本原则；秉持激励、推动和引导原则，开放、中立原则，协调性原则，重点保护原则，谁主管、谁负责与协同原则。

1. 保障信息安全、促进信息发展原则

在医院档案信息安全立法中，必须全面考虑信息网络安全问题，因为安全是信息网络健康发展的基石，缺乏安全，信息网络的存在和健康发展将无从谈起。

在网络传输、存储、交换等过程中，安全原则要求信息的完整性、可控性、不可抵赖性、可用性和保密性，以确保信息不会发生丢失、泄露、窃听、拦截、改变等安全问题。网络的开放性、虚拟性和技术性使得信息安全风险呈现不可逆的特征，这使得网络中的信息和信息系统极易受到攻击，因此信息安全已成为社会公众选择不利用网络的重要因素之一。在信息网络的立法过程中，必须始终坚持以保障网络安全为首要原则。无论是在国际立法还是在各国国内立法中，信息网络立法的基本原则都是以安全为核心，从发现威胁、降低风险、控制风险的各个环节出发，构建信息安全法律保障体系，并通过制定电子签名、电子认证、电子支付等具体制度来确保网络信息的安全。因此，确保信息网络的安全性是各国信息网络立法的重要职责和必须遵循的基本原则。

2. 激励、推动和引导原则

医院档案信息安全立法应当遵循激励、推动和引导社会公众利用信息网络进行信息交流和电子商务活动的原则，以推动电子商务的蓬勃发展。在这个以网络和电子商务为主导的时代，信息网络将扮演着至关重要的角色，对经济发展具有决定性的影响。然而，当前信息网络的发展尚未达到成熟的阶段，因此需要通过法律手段来激励、推动和引导其进一步发展。各国信息网络立法的根本原则在于通过制定法规来激励、推动和引导信息网络的蓬勃发展。鉴于当前全球信息网络的发展水平和社会公众对信息网络的认同度较低，政府有责任引导企业和社会公众积极利用信息网络，通过政策和法律手段为信息网络营造良好的发展环境。

3. 开放、中立原则

开放、中立原则指的是医院档案信息安全立法应当坚持开放、中立的立场，不受任何特定技术形态的限制，以适应技术快速发展和变化的实际需求。为了适应信息技术和信息网络快速发展的客观需求，信息网络立法必须秉持开放、中立的立场，并具备一定的灵活性。信息网络的演进离不开相关技术的支撑，这些技术为信息网络的安全提供了必要的保障，如电子认证、电子签名和电子支付制度等。

4. 协调性原则

若缺乏广泛的社会公众参与，信息网络的健康发展将无从谈起，因此，在制定信息网络安全立法时，必须妥善协调电子商家与消费者之间的利益平衡关系，以确保网络消费者能够获得不低于其他交易形式的保护水平。

5. 重点保护原则

医院档案馆信息安全立法目的的根本保证在于明确医院信息和网络空间安全

的关键环节，加强对这些关键环节的保护，以确保信息及网络空间的安全得到广泛覆盖。近些年来，全球各国均在强化对关键基础设施的保护力度，并制定了一系列详尽的法规。如美国的能源政策法规定，针对核设施构成的威胁，总统、核控制委员会及其他适当的联邦政府部门、州、当地代理机构和私人组织进行物理层、网络层、生物化学和其他恐怖威胁评估，并对可靠的电子标准进行修正，以确保大功率系统设备的可靠操作和对网络安全的保护。令人惊讶的是，欧盟对欧洲的太空安全问题表现出了惊人的高度关注。

6. 谁主管、谁负责与协同原则

谁主管、谁负责体现了医院档案馆信息网络空间需要合理分配网络信息安全风险，以确保由本系统造成的信息网络基础设施灾难或严重影响社会公共安全、秩序的事件得到适当的管理和负责。网络信息安全立法需要每个参与者都扮演至关重要的角色。参与者应当根据其职责，全面了解相关安全风险，采取有效的预防措施，并承担相应的责任，以提高信息系统和网络的安全性。面对网络信息安全的复杂性和艰难性挑战，协同原则也已成为必然之选。随着网络安全问题的不断深入和扩大，传统现实社会的行政管理和执法部门必须进行重大甚至颠覆性的改革。单一职能部门的力量难以有效地应对网络信息安全的挑战，因此必须秉持“既有分工又有协作，共同防范和应对网络信息安全”的原则。在制定网络信息安全保障立法时，必须将谁主管、谁负责的原则与协同的原则有机融合，以实现分工与合作的有机结合。必须明确各相关部门的职责，并建立协同治理网络空间的法律机制。

随着时间的推移，互联网已逐渐演变为控制、指挥、煽动、渗透和勾连境内外敌对势力、邪教组织等组织的利器，网络犯罪呈现迅猛增长之势，网络已成为违法犯罪分子攻击和破坏的主要目标。当前形势下，单纯对现有法规进行阐释、修改或补充，难以准确把握安全与发展之间的相互关系，更无法实现国家整体战略目标。因此，我们建议国家制定一项全面的信息安全法律，确立信息安全的法律原则和基本制度，明确社会各界在保障信息安全方面的责任和义务，以确保国家关键基础设施的安全，消除国内外敌对势力的干扰、破坏和攻击，维护国家安全、民族独立、社会稳定和经济安全，为全面构建和谐社会提供完善的信息安全法律保障。

此外，立法应遵循的一般原则还有科学性原则，民主性原则，稳定性、连续性和适时性相结合原则，合宪性和法制统一原则等，医院档案馆信息安全立法活动也应严格遵循以上原则。

（二）制定依据

宪法和相关的信息安全法律、法规和其他规范性文件都属于医院档案信息安全立法的依据。我国目前尚无一部较为系统的网络安全立法，为管理和保护互联网出台的相关法律法规，多是制定于20世纪末和21世纪初的行政法规或部委规章，最早可追溯至《中华人民共和国计算机信息系统安全保护条例》，其后又陆续出台了一些法律法规。

（三）制定内容

1．档案信息安全的规划与建设

任何一个信息系统，只要它与外界交流，就不会只孤立于一个单位或部门乃至一个地域或国家。因此，对这样的系统，如果不通过立法来规范其建设，任由各单位、各部门自行其是，势必造成信息网络杂乱无章、无法有效地互联互通，从而失去网络建设的意义。在立法规范档案信息安全的规划与建设时，应当考虑建立一个统一的组织领导机构，以统筹规划、处理专用网与公用网之间的关系，协调全国各地方网络发展问题，克服过度强调硬件而忽视软件的倾向，加强网络信息资源的开发与利用，开放公共信息资源。国家对网络软硬件设施建设给予财政支持，提供网络的标准化与开放性原则，推进对网络建设与应用专业人才的培养，以及全民性普及教育等问题。

2．档案信息安全的管理与经营

档案信息系统管理问题就是如何在网络上最大限度地实现资源共享，同时最大限度地限制不良信息的传播和泛滥的问题。目前，档案信息系统的管理还不成熟，并较为松散，已经引发了一些社会问题。因此，必须确立完善的法律机制，以规范信息系统网络的管理和经营机构的权利、义务和责任，从而实现有章可循、有法可依的目标，同时引入竞争机制，提高信息系统的管理水平和服务品质。

3．档案信息系统的安全

在信息系统中，保存与传输着很多至关重要的信息，甚至有涉及国家安全的机密信息。所以，档案信息系统中的信息作为非常宝贵的无形资产的同时，也面临着网络安全隐患的问题。一旦档案信息系统网络中的核心信息被违法篡改和盗用，将给国家集体与个人带来巨大的损失。而且档案信息系统也逐渐成为当代社会运行的支撑，假如档案信息系统瘫痪或被攻击损坏，将会使国家与单位产生巨大的损失。事实上，信息系统已经被公认为犯罪分子、恐怖集团和当代信息化战争的重点打击目标。

因此，有必要通过行政立法强制性地贯彻实施档案信息系统安全技术与安全管理等措施，强化档案信息系统特别是档案馆信息系统网络的安全。

4. 档案个人数据的保护

由于信息网络的普及，对个人数据的保护或所谓隐私权问题已越来越受到广泛的关注。多个国家相继颁布了数据保护法规，规定数据使用者必须完成注册手续，明确数据来源和使用目的，以确保数据的安全、可靠和合法。数据主体享有知情权和修改权，以确保其个人隐私不受侵犯。若因数据使用不当或不准确而导致数据损失，数据主体有权要求赔偿。在我国，这个问题如何处理，也是一个需要尽快解决的问题。

四、加强档案信息资源共享

（一）加强医院档案馆参与信息公开的力度

在医院信息公开的背景下，档案馆参与的可行性分析和外部环境的剖析与建构，旨在寻找更加切实可行的具体参与措施，只有这样，才能将前述部分的分析转化为可行的实践行为，从而彰显研究的实践价值和现实意义。

1. 确定医院档案馆参与信息公开的内容

医疗卫生机构应当主动公开的信息和公民、法人及社会组织申请公开的信息，是医院信息公开的两个主要方面。根据《医疗卫生机构信息公开管理办法》的规定，医院所公开的信息可分为两类，其中第六条详细阐述了医院应当公开的10类信息。在《医疗卫生机构信息公开管理办法》中，对医院公开信息采用条目式方式进行罗列是一项重要的改进，相较于笼统的说明式条文，条目式方式具有更强的指向性和更高的操作性。

（1）开放档案

在《医疗卫生机构信息公开管理办法》中规定的10类公开信息，侧重于从内容角度来规定应公开的信息内容，覆盖了医院基本情况、科室分布、疾病应急处理、收费、采购等多个重要领域，除了涉及国家安全、商业秘密及个人隐私的信息，以及公开后可能危及国家安全、公共安全、经济安全、执业安全、社会稳定及正常医疗秩序，违反法律规定的信息，所有其他信息内容都属于医院信息公开的范围。从时间的角度来看，信息公开的范围应当涵盖信息传递的全过程，包括那些具有实际时效性的信息内容，以及那些由这些信息沉淀而成的档案信息，而不能偏袒任何一方或认为信息公开只是具有实际时效性的信息。从信息公开的基本精神和信息需求的现实状况分析，医疗卫生机构的信息公开内容必须涵盖当前的信息和历史档案。

医院档案馆的建立离不开各种珍贵的档案信息资源，这些资源不仅是医院人文底蕴的生动展示，更是其立馆之本。医院的档案馆积极参与信息公开，是医院历史信息公开的主要渠道，其所收藏的各类档案信息资源成为其最为重要的资本。随着医院漫长的发展历程，各种信息记录不断涌现，然而随着时间的推移，唯有医院档案馆所保留的信息资源得以相对完整、系统地保存，这也从另一个角度彰显了医院档案馆参与医院信息公开的重要性。然而，并非所有医院档案馆所珍藏的资料都具备公开价值，因此必须遵循《档案法》及相关法律法规中的相关规定来实施。医院信息公开的范围应当涵盖所有开放档案，而对于开放档案的确认则是信息公开的至关重要的环节。为确保开放档案的准确性和信息安全，医院档案馆要设立档案密级鉴定小组，遵循“公开为原则，不公开为例外”的基本原则，剔除涉及国家机密、商业机密和个人隐私的信息，严格划定归档信息的密级范围，对所有馆藏档案明确标注其密级状况，所有密级标注为“公开”的档案信息均应允许对外公开，以确保信息的保密性和完整性。只有这样，档案部门才能摆脱“档案一般应自形成之日起满30年向社会开放”的思维惯性束缚，将档案信息的保密等级划定的意义转化为实际行动。需要特别强调的是，所有在“文件”阶段就被“公开”的信息，在被归档为“档案”后，必须保持其密级状态，并直接纳入开放档案的范畴。

（2）现行文件

现行文件的提出源于文件生命周期理论对文件运行阶段的划分，根据文件的价值作用和运行阶段的不同，可以将文件的运行阶段划分为现行阶段、半现行阶段及历史保存阶段。医院档案馆所拥有的现行文件资源，主要由医院档案馆专门搜集的各类现行文件信息所构成，而实际情况则以国家各部门的发文为主要依据。部分档案信息虽然已经被归档，但仍然具有实际应用价值。一方面，档案信息的时效性价值特点与其相关；另一方面，医院档案归档的及时性也对其产生了影响。根据《医疗卫生机构信息公开管理办法》所规定的各类公开信息，可以得出结论，现行文件信息在其中扮演着不可或缺的角色。

（3）委托公开的其他信息

医院档案馆不仅是医院信息公开场所的法定地点，更是将学校基本规章制度汇编成册的成果进行公开的重要场所。因此，医疗卫生机构的档案馆不仅需要承担公开档案和现行文件的职责，同时也需要不断完善自身条件，为医院信息公开提供优质的平台。

2. 运用多种方式推进医院档案馆信息公开

在明确医院档案馆所能公开的信息范围之后，必须对医院档案馆参与信息公开的方式进行深入研究，以确保医院信息公开工作更加全面和有效。

（1）网络

随着网络技术的不断进步和广泛应用，网络方式已成为社会各行各业必须密切关注的重要传播途径之一。相较于传统的传输方式，网络传输的实时性和快捷性更符合信息公开的本质精神。医院档案馆可以为医院信息公开建立专门网站，或者将信息公开作为重要组成部分嵌入医院档案网站。医疗卫生机构的档案馆通常拥有自己的档案管理系统和信息发布网站，因此，这些机构可以在对其馆藏档案进行严格的鉴定后，发布与开放和档案相关的信息，同时也可以将医院现行文件和其他需要发布的信息一同发布在档案网站上，从而将医院档案馆网站从一个单一的部门网站发展成为一个统一的信息公开平台。医院信息公开工作的顺利推进，不仅有助于全面了解医院档案馆及各类档案信息，同时也为医院内外的信息获取提供了极大的帮助。

（2）官方出版物

尽管网络平台在发布公开信息方面具有快速及时的优势，但由于电子文件证据力的不足和对网络传播安全性的质疑，其传播信息的法律效力存在缺陷。因此，网络平台应当被视为主要的信息公开渠道，而非唯一的途径。借鉴政府信息公开的实践，对官方出版物进行编辑是一种行之有效的方式来解决这一难题。编辑官方出版物是一个新事物。它是指由医院或相关信息公开主管机构以医院名义公开发布的信息，以供公众阅读。大多数官方出版物都致力于公开医院发展中各种重要活动的制度性信息，目的在于从宏观层面上披露与医院发展相关的信息。作为医院信息公开的积极参与者，医院档案馆应当积极参与到医院信息公开官方出版物的编纂过程中，甚至可以根据自身情况选择最适合的选题进行官方出版物的主动编纂。

（3）固定查阅场所

尽管现场信息查阅方式缺乏网络平台的迅速性和原始性，但设立固定的信息查询场所却是一种不可忽视的信息公开方式。对那些对信息需求不够明确、检索能力有限的查阅者而言，进行现场查阅是一项不可或缺的必要措施。医院档案馆拥有自然的优势，可以借助其开设档案阅览室的经验，直接利用该场所进行信息公开查阅。

3. 医院档案馆参与信息公开的受众客体

医院档案馆所涉及的信息公开对象即医院信息公开的对象。从立法精神和《医疗卫生机构信息公开管理办法》的具体条文规定中可以看出，信息公开的对象是广泛的社会群体，包括但不限于公民、法人和其他社会组织，因此我们必须致力于最大化信息公开的覆盖范围。当然，对于信息公开的具体案例，需要进行具体问题的深入分析，并充分尊重每个个体情况的差异性，这是从宏观层面的一般性理解。从信息公开的角度来看，信息公开的对象可以分为法人和自然人两类，然而在实际应用中，我们很容易将其理解为单纯的自然人客体，实际上，法人也是信息公开中不可或缺的重要客体。根据医院自身的分类标准，医院信息公开的受众可被划分为医院内和医院外两个范畴，或者说是医院内公开和全社会公开。如果说医院内公开是针对医院内部的一些管理，是为了实现医护员工对医院事务的参与和管理，而公开对象是医院内部的医护员工的话，那么医院信息公开的核心理念则在于实现可公开信息在最大范围内的传播，以最大限度地实现社会民众知情权。

因此，医院信息公开的目标受众应当是广大社会群体，而非仅限于医院内的工作人员。然而，我们必须认识到医院作为一家独立的法人实体，相对整个社会而言，拥有独特的个性特质和自主发展的权利。《医疗卫生机构信息公开管理办法》在尊重这一事实的基础上，也将医院信息公开受众范围的权力授予了医院，也就是说，医院信息公开的范围涵盖了医院内外的各种情况，这是一种合法的存在。然而，医疗卫生机构不应将此种权力无限扩大，使其成为医院信息公开的一种障碍，而应在信息生成或归档时对其公开程度和公开范围进行明确的标注。

4. 加强内部基础建设

参与医院信息公开是医院档案馆功能拓展和形象重塑的一个重要契机。要做好医院信息公开工作，医院档案馆不仅需要完善外部环境，也需要加强自身基础设施建设。

（1）建立医院现行文件中心

虽然医院档案馆并不是医院现行文件产生的主要部门，但是医院档案馆在开展现行文件公开业务方面有着自身的优势。从理论角度来说，医院档案馆建立现行文件中心是对文件生命周期理论中文件运行整体性特征的关注，是对文件第一价值和第二价值的重新认识。从硬件角度来讲，医院档案馆可以借用现有的馆舍及开办档案阅览室的经验。在软环境方面，由于档案与文件的天然亲缘关系，故而档案工作者对文件是不会陌生和不知所措的，档案工作者完全能够成为现行文件的管理和提供利用服务的市场专家。

在实际操作中，我们可以采用一种结合部门主动报送和档案馆收集的采集机制，其中，部门主动报送占主导地位，同时需要注意数字化和系统化的信息收集。为了及时向医院档案馆报送相关信息，部门可以采用定期提交和随时提交相结合的方式，根据信息内容的差异，及时向档案馆报送相关资料。在信息采集的媒介方式方面，需特别关注增量文件和电子文件的收集和利用，以避免不必要的数字化重复劳动，从而为信息的网络化利用奠定坚实基础。医院档案馆应当根据信息产生的部门和内容，制定相应的现行文件公开目录和指南，以有序化、系统化的方式收集信息，从而实现对信息的高效加工和处理。医院档案馆可以通过利用医院官方出版物、编制现行文件发布资料、建立专门网站等多种方式来实现现行文件的发布，尤其需要注意网络平台的使用，以提高信息发布的及时性和利用的便捷性。同时，对现行文件信息进行充分的密级鉴定，以避免信息泄密和公开范围不当等问题的出现。

（2）加强对档案密级的鉴定

在档案领域中，鉴定一词被广泛运用，其主要目的在于对档案的真实性和价值大小进行评估。在档案工作中，对一份档案材料进行鉴定是一项至关重要的任务，它不仅决定了档案的价值，更引起了档案理论和实践领域的高度重视。然而，鉴定档案密级的工作却滞后于时代，甚至鲜有人关注，而在信息公开的大背景下，鉴定档案密级却是一项不可避免的难题。它主要指根据特定的原则、标准和方法，对档案文件的保密等级进行鉴别、确定和标识，以明确每份档案的具体使用范围，妥善处理好利用和保密之间的关系，从而推动档案提供利用工作的顺利和健康发展。

鉴定文件与档案的密级，直接影响着文件与档案信息资源的公开程度和公开范围的大小。在“保密安全、开放危险”传统观念的桎梏下，档案人员普遍持保守态度，甚至表现出“被异化的谨慎”倾向，导致产生保密过度而开放不足的普遍现象。

导致此种情形的根源在于以下三点。第一，关于保密方面的法规存在缺陷。我国目前缺乏一套协调一致的定密法规，导致涉及定密工作的部门虽然数量众多，但彼此之间缺乏具体责任承担机制。第二，密级的划分缺乏一致性，标识也缺乏规范性。如在医院信息公开方面，缺乏一套统一明确且易于操作的规则，使得哪些信息应该向全社会公开，哪些信息应该限制在学校范围内公开，成为一个需要解决的问题。第三，缺少一套灵活的档案保密等级评估机制。随着时间的推移，档案信息的保密等级应当随之调整，然而实际情况是，一旦对一份档案信息鉴定密级，就很少再对其密级进行调整，导致出现了“有人定密，无人解密”和“一次定终身”的现象，绝大多数涉密文件必须终身保存，缺乏动态化管理，这与信息公开的要求形成了鲜明对比。因此，为了确保医院档案馆能够积极参与信息公开工作，必须加强对其档案密级的鉴定。

医院档案馆参与信息公开工作的关键环节在于对档案信息进行密级鉴定，只有这样，医院信息公开才能真正得以实现。首先，医疗卫生机构必须建立一套专门的密级鉴定制度。在缺乏国家统一密级鉴定法规的情况下，医院应当根据自身的实际情况，制定一套易于操作的密级鉴定制度，该制度应在不违反现有相关法律法规的前提下，明确各种密级的划分标准和标识。尽管医院信息公开的密级鉴定工作是一项具有挑战性的任务，但若缺乏相应的制度规范，其深入开展也将面临巨大的困难。其次，医疗卫生机构的档案馆应当与相关部门建立紧密的联合鉴定机制，以便对档案进行高级别的鉴定。尽管医院档案馆在文档信息管理方面积累了丰富的经验，但考虑到大多数文档信息来源于医院内其他部门，因此，为了确保档案信息的密级鉴定工作得以顺利进行，医院档案馆必须善于协调相关部门，成立联合鉴定机构，共同进行密级鉴定。最后，必须实现一种具有动态性的档案密级鉴定机制。在进行档案密级鉴定时，必须对具有密级的档案进行明确规定，以便在档案管理系统或档案实体上对档案信息的密级、解密时间及再次进行密级鉴定的时间进行明确规定，从而有效避免“一次定终身”的情况发生。

（3）将信息公开纳入数字档案馆建设体系

在医院信息公开的大背景下，数字档案馆的建设不仅需要运用现代信息技术，更需要更新管理理念，将医院信息公开纳入数字档案馆的建设体系，这需要将信息公开理念贯穿其中。数字档案馆的价值不仅在于其技术革新，更在于其引入了先进的管理理念，其中，信息公开理念是不可或缺的重要组成部分。此外，在医院数字档案馆的建设过程中，必须充分体现信息公开的内涵。如将信息密级鉴定的内容嵌入档案管理系统，为档案信息的公开奠定基础，同时为医院文档管理系统构建数据接口，实现文档管理系统的无缝衔接。数字档案馆门户网站融合了档案信息公开和现行文件公开等多种内容，成为一个医院信息公开的发布平台。

（二）构建基于信息资源共享的医院档案管理模式

在当前医院开展的档案管理工作中，需要结合社会发展的形式进行信息资源共享管理模式的创建，更好地发挥出医院档案管理工作的价值和作用。

1. 强化意识，顶层设计

首先，要求医院的领导者要能够对开展档案管理工作进行高度的重视，并且及时地与政府部门、医疗卫生部门的领导进行沟通，从顶层设计和总体规划的角度，对医院的档案信息资源进行共享的建设应用。其次，在信息资源的管理过程中，一定要站在国家的宏观角度，结合网络的中层应用、组织的微观实践等作用，进行有效的资源共享建设管理。当前医院的档案管理工作属于组织的宏观事件，一定要站在整体的角度，对当前发展中的局限性进行不断的创新与突破，加快对档案信息资源的共享。

2. 加大档案管理的投入

在进行医院档案管理模式的创建过程中，要对档案信息化建设的速度进行提升，要加大资金的投入力度，对档案管理的基础设施进行不断的完善，对各种设备进行更换，保证应用的设备是最先进、最高效的。同时，还要对医院档案管理经费的总投入进行不断地调整，保持稳定增加的速度，通过专项管理经费的项目规定，保证医院档案的信息化建设水平不断提高。

参考文献

[1] 董巧仙．档案管理信息化 [M]. 郑州：大象出版社，2008.

[2] 张丽．图书信息存储与档案管理信息化 [M]. 长春：吉林出版集团股份有限公司，2022.

[3] 周彩霞，曹慧莲．档案管理信息化建设理论与实践探索 [M]. 北京：北京工业大学出版社，2021.

[4] 刘亚静．档案管理信息化与自动化探索 [M]. 天津：天津科学技术出版社，2018.

[5] 许秀．高校档案管理与信息化建设研究 [M]. 哈尔滨：哈尔滨工业大学出版社，2020.

[6] 郭美芳，王泽蓓，孙川．档案信息化建设与管理 [M]. 长春：吉林人民出版社，2021.

[7] 黄亚军，韩国峰，韩玉红．现代档案信息化管理与建设研究 [M]. 长春：吉林人民出版社，2021.

[8] 杨晓玲，张艳红，刘萍．档案信息化管理与建设研究 [M]. 长春：吉林人民出版社，2022.

[9] 林婷婷，冯秀莲，林苗苗．档案信息资源与数字化管理开发研究 [M]. 哈尔滨：哈尔滨工程大学出版社，2022.

[10] 毕大鹏．信息时代下高校档案管理信息化建设路径 [J]. 办公自动化，2023，28（16）：49-51，25.

[11] 殷志伟．高校档案管理信息化体系建设应用探究 [J]. 江苏科技信息，2023，40（17）：61-64.

[12] 刘心华．大数据时代，急救中心档案管理信息化建设分析 [J]. 兰台内外，2023（17）：28-30.

[13] 吴艺慧．学校档案管理信息化建设策略研析 [J]. 活力，2023，41（11）：98-100.

[14] 王敏．数字化时代高校档案管理信息化建设路径 [J]. 中国管理信息化，2023，26（12）：200-202.
[15] 乔美玲．数字转型背景下档案管理信息化建设 [J]. 信息与电脑（理论版），2023，35（10）：131-133，140.
[16] 任玲，晏喜丽．大数据时代档案管理信息化对策研究 [J]. 中华建设，2023（4）：26-27.
[17] 刘建慧．档案管理信息化与数字化的思考 [J]. 数字技术与应用，2023，41（2）：91-93.
[18] 陈伯燕．档案管理的信息化发展探究 [J]. 内江科技，2023，44（4）：7，9.
[19] 刘碧璇．大数据背景下，企业档案管理信息化建设路径分析 [J]. 兰台内外，2023（10）：13-15.
[20] 李桃玉．档案管理现代化背景下综合档案馆业务建设评估与实证研究：基于副省级以上综合档案馆 [D]. 杭州：浙江大学，2023.
[21] 焦浩．数字化转型视角下干部人事档案管理模式研究 [D]. 郑州：郑州航空工业管理学院，2023.
[22] 顾景文．基于区块链技术的电子档案可信管理研究 [D]. 大连：辽宁师范大学，2023.
[23] 雷洁．基于知识图谱的科研档案管理研究 [D]. 北京：中国农业科学院，2020.
[24] 马琳．干部档案信息化管理模式构建研究 [D]. 大连：大连理工大学，2017.
[25] 和梦吉．企业档案信息化建设对策研究 [D]. 济南：山东大学，2012.
[26] 韩东．档案信息化建设若干问题研究 [D]. 长春：吉林大学，2011.
[27] 张金凤．高校教学档案信息化管理研究 [D]. 南宁：广西民族大学，2010.
[28] 李佳妍．企业档案信息化探究 [D]. 昆明：云南大学，2010.
[29] 王华玉．基于知识管理的企业档案信息化建设研究 [D]. 北京：北京交通大学，2009.